ちくま学芸文庫

ありえないことが現実になるとき

賢明な破局論にむけて

ジャン=ピエール・デュピュイ
桑田光平　本田貴久　訳

筑摩書房

Jean-Pierre DUPUY

POUR UN CATASTROPHISME ÉCLAIRÉ

Quand l'impossible est certain

プラトン年もこれと同じ、
渦を巻いて新しい善と悪を追い出し、
代りに古い善と悪を巻きこむ。
すべての人間が踊り手だ。野蛮な銅鑼《どら》の
響きに操られて足を動かす。

W・B・イエイツ『塔(1)』

コレガコノ世ノ終ワリカタ
コレガコノ世ノ終ワリカタ
コレガコノ世ノ終ワリカタ
バント爆ゼズニススリ泣ク

T・S・エリオット「うつろな男たち(2)」より

目次

日本語版への序文　倫理的思慮の新しい形

本書は、人類の生存さえ脅かしかねない巨大な破局についての考察である。二〇〇一年九月一一日のテロ攻撃の直後に書かれた本書は、道徳的な破局（アウシュヴィッツ、広島・長崎、核戦争の可能性）、自然災害（津波、サイクロン、地震）や産業・技術的破局（チェルノブイリ、最先端テクノロジー）のみならず、気候変動という自然的、道徳的、技術的な要素が複合的に絡み合う脅威をも扱う。ここで唱える主張とは、こうした出来事の重要性を判断するための適切な思考の枠組みが、西欧には欠けているということである。人類の消滅という大いなる破局を回避したいのであれば、形而上学上の革命が必要なのだ。私がまず問題にしたのは、われわれの時間との関わりについてであり、とくに、時期も様相もわからないままに到来すると十分に考えられる破局を、起こらないものとして遠ざけるような、待ちの姿勢とでもいうべきものであった。

西欧では伝統的に、自然と技術という概念を区別することに大いに腐心してきた。それがまさに混在する大きな悲劇に見舞われた日本の読者に、ここで本書を紹介する機会をいただいたのは光栄なことである。福島において、核という眠れる獅子を覚醒させたのは、地震とそれに続いて到来した津波という大自然による破壊である。それにしても、二〇一一年七月にフランス放射線防護原子力安全研究所倫理委員会委員長として東京に滞在したときに驚いたことは、対話した人々の幾人かが福島の出来事をある悲劇と同一視していたという事実である……。それは広島と長崎の原爆であった。また村上春樹に至っては躊躇なくこのような比較を行っていたということを知った。ここで、深いショックを受けた人々には二通りあったと思う。一方の人々は、彼らにとって原発は原爆とは何の関わりもない――それがどこまで確かなことであるかは疑問であるが――と考える原子力工学の技術者たちであり、もう一方は、広島と長崎を破壊した原子爆弾は殺人を目的としているが、福島の原発は東京を中心とする関東地方に電力をもたらすために作られている、というように善と悪とをラディカルに分離するモラリストたちである。しかし、今、提起されなければならない問題とは次のようなものである。西欧文明を作り上げたキリスト教的伝統において、悪は悪しき意図の帰結としてのみ存在する。少なくともアウグスティヌス以来、悪とは魂の症状であり、したがって人格の内部にあるものである。ところが、形而上学におけるこのような立場は、現代において維持しえないものとなっている。最善の意図であっても、人間の実行能力が——それは破壊する能力と表裏一体のものだ——ある臨界値を超えてしまうと、破局をもたらしうるのだ。ここで私が重視するのは、あるユダヤ系ドイツ人哲学者の思想である。マルティン・ハイデガーの弟子であったその哲学者は、合衆国に亡命し、その後二〇世紀で最も影響力のある政治哲学者となった。その哲学者の名前は、ハンナ・アレントである。アレントは、次のことを喚起してやまなかった。すなわち、力がある臨界値を超えてしまうと、人間は自ら思考しえないプロセスを起動させうるのだということを。行為と思考との間にある越えがたい溝こそが、人類に重くのしかかる最大の脅威だとアレントには思われたのだ。

それはつまり、新しいリスクに対して、ギリシャ人がフロネーシス（*phronēsis*）と名付けた、古代の人々が説く倫理的思慮†が、何の助けにもならないということなのだ。倫理的思慮は、人間のスケールの枠内にとどまるときにのみ有効であるが、今日ではもはや通用しない。しかし本書が示すのは、現代人の倫理的思慮が必ずしも無力ではないということである。パスカル、フェルマー、ヤコブ・ベルヌーイほか、一七世紀の天才数学者たちが発見したこの倫理的思慮は、確率計算に基づくものであった。二〇世紀になると、ジョン・フォン・ノイマンとレナード・サヴェッジによって基礎づけられた合理的選択理論が、効用、効用の数学的期待値の最大化、ゲームといった知的な概念を用いながら、倫理的思慮の形をほぼ決定づけることになった。ごく最近では、基礎づけこそおぼつかないものの、「予防原則」が「新しいリスク」という問題に対するこの取り組みをむなしくも拡大することになったのである。

私は、根源的に新しい方法が必要とされているということを本書で示したいと考えている。その新しさは、形而上学的な前提の水準にある。それは、「賢明な破局論」という名で、フランスで大いに議論の的となっている。この名称自体がスローガンとなってさえいるのだ。通常、不可避なことに身をゆだねる運命論者の立場と結びつけられる「破局論」という語と、啓蒙〔＝光〕の世紀を、すなわち一八世紀に西欧で体系化された〈理性〉を喚起させる「賢明な」という語の結びつきが、ショックを引き起こし、注目の的になったのである。本書全体が捧げられているこの方法を、この紹介文のなかで私は要約することはできない。一方で、私は新たな時代の要請にかなった倫理的思慮の必要性を説くべく、福島事故の後に思考可能となった原子力の安全管理の一例を持ち出してみたい。

フランス放射線防護原子力安全研究所所長のジャック・ルピュサールは東日本に起こった災害の調査に赴き、二〇一一年五月、パリの国民議会で証言することになった。国民を安心させるために彼は、「福島と同様の事故はフランスでは起こりえない」ということを説明しなければならなかった。これは彼の正確な発言ではない。彼が強調したのは、日本で起きたことが、フランスの原発で起こるのは考えがたいということであった。というのも破局に至るまでのすべてのプロセスは、とくに冷却システムの故障と水素爆発の可能性に関しては、あらかじめ想定されており、すでに予防措置が講じられているからである。とはいえ、甚大な原子力事故がフランスで起こる可能性は排除できないのだ、とも彼は付け加える。「もしそれが起こるとすれば、ありえるのは、それが常軌を逸する事故だということである。フランスは想像すらできない事故に対して準備しなくてはならない」と。

　想像しえないことを覚悟せよという命令は、文字通りに解釈すれば矛盾している。しかしながら、これに意味を見出すことは可能である。チェルノブイリ以前には、炉心が溶融し、コンクリート容器に流れ出す事態など想定されてさえいなかった。福島以前には、原子炉稼働停止が冷却システムの機能不全を伴うことなど考えられもしなかった。しかしそれらは実際に起こったのだ。すべての事態を想定しているといい聞かせ安心させると同時に、ほとんど論理的な帰結として、いい忘れてはならないことは、次に起こるであろう甚大な事故にわれわれは呆然としてしまうということだ。なぜなら、それを想定していないゆえに、それを予防するための手を一切打っていないからである。こうした事態に呆然とするのは当然であるが、呆然とすることに呆然としている場合ではない。こうした事態は、少なくとも事後の措置を講じるため、すなわち、想定されない部分をできるだけ減らすために大いに想像力を発揮するための情報にはなる。一例を挙げよう。福島事故以降、ヨーロッパのほとんどの原発で実施された「ストレステスト」は、ほとんど起こりえないとはいえ起こる可能性のある二つの事態を考慮したものではなかった。たとえば原子炉の甚大な事故は、核関連施設とまったく関係がない近隣の工場で起こる爆発といった事故の連鎖でも起こりうるだろう（「ドミノ」効果と呼ばれるものだ）。あるいは原発を狙う新たな二〇〇一年九月一一日のテロが起こりうるだろう。たとえいままで誰一人このような事態を深刻に考えてこなかったとしても、こうした事態は想定しうることなのだ。

　想定しがたいことを想定すること。このときわれわれは、集合論という数学理論で使われる意味での「集合」を構成する、起こりうる出来事の存在を想定する確率や確率変数といった概念を超越することになる。さらにまた別の理由も同じ結論へと導くことになる。単純な物質的因果論を超えている人文諸科学にとって重視される意味の世界において、われわれの世界、すなわち実現した世界において生成した出来事のみに限定して考慮することはできない。少なくとも、幸であろうが不幸であろうが、起こりえたが起こらなかった、あるいは起こりえなかったが起こってしまった出来事を考慮する必要があるだろう。チェルノブイリの事故では、水素爆発のみならず核爆発が起こりえたかもしれないのである。

そうなったら、ロシア最初の首都であったウクライナの首都キエフは地図上から消えていたのだ。福島の原発事故は、起こらないこともありえた。津波を防ぐ堤防を数メートル高くしておけばよかっただけのことである。そうすれば、現在われわれが体験している、核の平和利用の世界的な廃絶運動は起こらなかった、というのがいいすぎなら、まだ起こっていないといえるだろう。哲学的には「反実仮想」と呼ぶような潜在的にありえる世界の様々な姿は、われわれの世界と通底しているのであり、われわれの世界で起こらなかった出来事は、展開している発展に影響を及ぼしているのだ。

この複合的な着想の非常に重要な実例が、私の「賢明な破局論」を練り上げる際になくてはならない役割を果たすことになった。それは、核抑止の例である。ケネディ政権とそれに続くジョンソン政権下で国防長官を務め、ヴェトナム戦争を推進したロバート・マクナマラは、自らの回想録において、「冷戦」と呼ばれる時代、何億人もの死者が出るだろう核戦争が危うく勃発してしまうような危機的なエピソードが幾度もあったことを繰り返し語っている。核戦争という人類に破滅をもたらすブラックボックスのごく間近で、危機的な事態が訪れたことは、逆説的に、最悪の事態を回避するために必要な知恵を世界の指導者たちに植えつけることになったのである。これが古代人の知恵とも現代人の計算とも異なる倫理的思慮の形なのである。

本書は思考しがたいものを思考しようとするための方法を提案する。これは大きな挑戦であり、正しい道筋をとらえるには時間のかかる試みである。私の唯一の希望は、緊急事態が差し迫っている現在、私以外の方々にもこの困難な取り組みに取りかかってほしいということである。

二〇一一年一二月二三日

パリにて　ジャン＝ピエール・デュピュイ

†訳注――ここで倫理的思慮と訳したのは、フランス語で「prudence（慎重さ）」という語であるが、デュピュイはこの語をギリシャ語のフロネーシスという語の翻訳として用いている。フロネーシスはアリストテレスの『ニコマコス倫理学』のなかで考察される概念の一つである。アリストテレスは、倫理的思慮（知慮）を「人間的な諸般の善に関しての、ことわりがあってその真を失わない実践可能の状態」（アリストテレス『ニコマコス倫理学』高田三郎訳、岩波文庫、一九七一年、上巻二三六頁）と定義するが、これが日本語の「慎重さ」という語の語感から大きくはみ出しているのは言うまでもない。なお、この語は引用した訳書では「知慮」と訳されているが、本書では一読して意味をとりやすくするために「倫理的思慮」という訳語をあてた。

ありえないことが現実になるとき

賢明な破局論にむけて

本書の最初のバージョンは、二〇〇一年三月一日に、フランス計画庁が国土整備・環境省と経済財政産業省の経済予測局との共同で企画した「リスク」セミナーの初回に発表された。

破局の時間

未知の状況を思い描くのに、想像力は既知の要素を借りてくるから、そのために未知の状況を思い描くことができなくなってしまう。ところが感性は、どんなに肉体的なものであっても、新しい事実からまるで稲妻のように独特のサイン、それも長いあいだ消えることのないサインを受けとる。

マルセル・プルースト『消え去ったアルベルチーヌ』(3)

本書の出発点にあるのは、二〇〇一年三月一日にフランス計画庁で行われた「新しいリスク」に関するセミナーの最初の講演である。フランス経済思想の中心的な場所で人々が期待したのは、おそらく、私が経済界の要人や高級官吏らの集まりにふさわしく、管理責任者のように話すことだったろう。だが私は、挑発心からというよりも、強い確信から、「破局論者」の立場をとることにしたのである。この語によって何をいいたいのかは、後に続くページを見れば理解していただけるだろう。私の立場は大きなインパクトを与えたように思われる。口頭発表のテクストでしかなかったものを著作にしないかと要請された私は、春学期のスタンフォード大学での講義を活用して、学生たちと共に、これから読者に提起する「賢明な破局論」の概念や方法を練り上げていくことにした。作業の核となる部分はその年の夏の終わりには完成していた。

そこへ二〇〇一年九月一一日の出来事が起こった。これまでの大事件同様、この日付を境に、それ以前とそれ以後はまったく違うものとなってしまった。未曾有の破局《カタストロフィ》が起こったのだ。最悪の事態の到来。私が考察の対象としていた破局とは、世界に及ぼす人間の力の度を越した拡大がもたらすものであった。それに対して、九月一一日の破局は、人間が人間に対して起こす過剰な暴力の存在をまざまざと見せつけた。いったいこの二つの破局は違うものなのだろうか。九・一一の暴力において使われた兵器が、本来とはまったく異なる使い方をされた技術品（飛行機）であった点も、まるで力が自分自身に行使されたかのようである。このことは、二つの破局の関連を考える上で無関係なことではないだろう。一〇日後、トゥールーズの化学工場で爆発が起こり、事態をさらに混乱させることとなった。政治家やメディアのコメンテーターは、この二つの事件を結びつけずにはいられなかった。そして、テロリストによる未来の攻撃から身を守るための枠組みと限界を定めるために、予防原則というものが援用されることになった。新規の原発やハーグの放射性廃棄物再処理施設に、地対空ミサイルの砲台の設置が検討された。以後、一般の飛行機がフランス上空を飛行する際には、〔撃墜されるという〕大いなる危険にさらされることになった。私たちは、破局の時間性のなかに入り込んだというわけである。

全世界にとって、九・一一の出来事は、何か突飛なことが、つまり、ありえないことが現実に起こったというよりも、むしろ、ありえないことのなかにありうることが不意に現れたということである。それ以降、いまや最悪の恐怖が起こりうる、とあちこちでささやかれるようになった。最悪の恐怖がいまや起こりうるのは、これまでそれが起こりえなかったからである。それにしても、と良識（？）は反論するだろう。最悪の恐怖が起こったのは、それが可能態だったからではないのか、と。私は、まさにこの明らかに矛盾している問題点を、破局論的かつ合理的である私の立場を構築するにあたって中心に据えていたのだった。可能態の破局と暴力のもたらす破局との関係は、まさにこの点に位置するものであって、いずれの場合にもふさわしい予防措置との曖昧なアナロジーのなかでとらえられるものではないと私は確信するようになった。

『道徳と宗教の二源泉』のなかで、ベルクソンは一九一四年八月四日にドイツのフランス宣戦を知ったときの感情を次のように語っている。「私は動転していた。またその戦争はたとえ勝てるにしても、一つの破局と思えるものだった。にもかかわらず、私はそのときジェイムズが述べていたもの、すなわち、抽象的なものから具体的なものへの移行が、いとも簡単に行われたことへの感嘆の情を、体験をとおして知った。かくも怖るべき不慮の出来事が、これほどなんの妨げもなく、現実のうちに登場しえようなどとは、だれが信じたであろうか。こうした単純さについての印象が、すべてを支配した。この点を反省する時、次のことがわかる。すなわち、もし自然が、恐怖に防御的反作用を対抗させ、無限の反響をともなう大動乱の、あまりに知的な表象を前にしての、意志の萎縮を防ごうと欲したとすれば、基本的人格に変質され、単純化された出来事とわれわれとの間に、友人関係を――われわれを気楽にさせ、われわれの心を鎮め、自分の義務をひたすら遂行させるようにする、友人関係を――生ぜしめたのは当然であろう」[*1]。しかしながら、この不気味な友人関係は、破局が起こる前に支配的であった感情とははなはだしく対極的である。当時、ベルクソンにとって戦争は「起こりそうにも、と同時に起こりえなさそうにも、思われた。それは、あの宿命的な日まで、執拗に続いた複雑で矛盾した観念であった」のだ。

　実際、ベルクソンは、「可能態と現実態」というエッセイのなかで芸術作品について考察した際に、この明らかな矛盾をみごとに見抜いている。このテクストは、一九三〇年に彼に最高の栄誉であるノーベル賞を与えた選考委員に向けて書かれたものである。「私は、芸術家はその作品創造にあたって可能態と現実態とを同時に創造する、ということが明白になるものと信ずる」とベルクソンは述べている。彼は続ける。「では自然に関してこれと同じことを言明するのが、おそらく躊躇されるのはなぜであろうか。世界とは、巨匠の作品などとは比べものにならぬほど豊かな、一個の芸術作品ではないだろうか」。このベルクソンの考察を、破壊活動にまで敷衍できるのかどうかはなおも躊躇《ためら》われる。しかしながら、九・一一の映像を前にして、一体誰が高揚感と恐怖の入り交じった、バークとカントがいう意味での崇高にも似た感情を抱かないでいられただろうか。おそらくテロリストたちもまたその種の感情を抱いたに違いないが、彼らが可能態と現実態を同時に創出したということもできるだろう。もっともそれは、すでに述べたとおり、コメンテーターたちが自発的に作り出した形而上学であるが。したがって、ベルクソンと共にこの問題についての考察をさらに進めていく必要がある。というのも、繰り返しになるが、このような考察は破局を前にしたときの私たちの立場の核心に触れるからである。

『思想と動くもの』の著者は、同書のなかで、第一次世界大戦中、文学の未来について質問を投げかけてきたジャーナリストとの知的な対話について触れている。「たとえば今後の大きな劇作を、どうお考えになりますか」。そう尋ねられたベルクソンは次のように答えている。「しかし貴方が話しておられる作品はまだ可能ではありません」。本人にはそのつもりはないが、およそライプニッツ的といえる形而上学を信奉する相手のジャーナリストは「けれども、その作品は後に実現されるのですから可能なはずだと思いますが」と反論した。「いや、可能ではありません。せいぜい、その作品が可能だったということにはなるだろう、という点で貴方に同意するだけです」――「それはどういう意味ですか？」――「ごく簡単なことですよ。才能のある人か天才かが出てきて一つの作品を創る。そうするとこの作品は現実化し、まさにそのことによって、回顧的または遡行的にその作品は可能になるのです。もしその人が現れなかったならば、作品は可能にはなりませんし、可能だったことにもなりません。だから私は、その作品は今日可能だったことにはなるでしょうが、まだ可能ではない、と言うのです」――「それは少し無理ですよ！　先生はまさか未来が現在に影響を及ぼすとか、現在が何かを過去に持ち込むとか、行為が時間の流れを遡って後方へしるしをつけるとか、主張しようとされるのではないでしょう？」――「それは事情しだいです。現実を過去のなかへ挿入することができ、これによって時間のなかを逆方向にはたらきうる、というようなことを私は決して主張したことはありません。しかし過去のなかに可能態を宿らせることができる、というよりはむしろ可能態はあらゆる瞬間に自らすすんで過去のなかに入り込む、ということは疑いを容れません。現実が予見不能で新しいものとして自らを創り出すにつれて、その像は後方果てしない過去に反映するが、現実はかくしていかなる時にも可能だったものとして存在する。だが現実がいかなる時にも可能だったということになるのはまさにこの瞬間からであり、そしてこれこそ、私が、現実の可能性は現実に先行するものではないが、ひとたび現実が出現すればこれに先行したことになるだろう、と言明した理由なのです」[*2]。

破局の時間とは、いわばこの転倒した時間性である。無から生じる出来事としての破局は――この点について師であるベルクソンから教訓を引き出すことになるサルトルの言葉を借りれば――自ら「可能態となる」ことによってのみ可能となるのである。ここにわれわれが扱う問題の起源がある。それというのも、もし破局を防止すべきであれば、破局の可能性を、それが起こる以前から想定する必要があるからだ。もし逆に、破局を防止することに成功するのであれば、それが実現しないことによって破局はありえないものの領域に追いやられることになり、防止のための努力は、遡ってみれば、やる必要のない無駄なことだったと映るだろう。私は本書で、現在「リスク」と呼ばれるもの――後で見ることになるが、この呼称は間違っている――に直面した際に「予防」という名によって考えられていることが、このような大きな障害にぶつかっているという説を展開するつもりである。したがって、緊急の課題は政治や倫理である前に、概念に関わっている。私は、これらの問題に取り組むための新しい切り口を提案するつもりである。

ここでまず、フランス計画庁の委員であるジャン＝ミシェル・シャルパンと、リスクに関するセミナーを主催したミシェル・マトゥに対して、彼らが私に示してくれた信頼と、「場を白けさせる者」[*3]たる哲学者を討論に招待することで彼ら自身が背負ったリスクに対して感謝の意を表したい。私の講演に対しては多くの反響があり、論戦的なものもあれば、友愛に満ちた批判もあった。応答の責務を引き受けてくれた二人の優れた研究者ディディエ・シカール教授とジャック・テスタール教授をはじめ、あらゆる有益な反響を得られた。

感謝の意を表したい。同様に、フランソワ・エヴァルト、オリヴィエ・ゴダール、ジョルジュ＝イヴ・ケルヴェルン、カトリーヌ・ラレール、ラファエル・ラレール、クリスチャン・ゴリエ、グレゴワール・ポステル＝ヴィネイ、ベルナール・ギベールにも感謝したい。モニク＝カント・スペルベルと共に理工科学校で開いている道徳哲学のセミナーで、また、それ以外のいくつかの集まりで、私は数回にわたって自分の考えを発表した。ヤン・エルスター、ピエール・リヴェ、ジャン・プティト、フィリップ・ネモ、フィリップ・モンジャン、ミシェル・オルプス、ロドルフ・グレイフ、ピーター・レイルトン、リュシアン・スキュブラ、ミシェル・ビトボル、ミシェル・ド・グラ、ピエール・ソレル、シモン・シャルボノ、オリヴィエ・キュニー、アヴィヴ・ベルグマン、アレクセイ・グリンバウム、フランソワ・ヴェルド、ミシェル・プティ、リュウェン・オジアンの諸氏が投げかけてくれた指摘や反論から私は多くを学んだ。彼らには心から感謝している。また、原稿を注意深く読み、絶えず激励してくれたモニクには格別の感謝を表したい。

当然のことながら、本書で展開される思想の責任はただ筆者のみに帰されるものである。私は本書のなかで、一つの主題——賭けられているものがきわめて重要であるために、情熱をかき立てられるような主題——に取り組むため、効果的な諸概念を可能なかぎり綿密に練り上げた。複数の思考様式が混在していることにショックを受ける人がいるかもしれない。私を導いたのはただ一つの確信、われわれはいまや、これから起こりうる破局への不安のなかで思考せざるをえないだろう、という確信であった。

第I部

リスクと運命

1　特異な視点

フランソワ・ゲリー――〔遺伝子組み換え作物に関して〕なぜ危険性がきわめて高いとお考えですか？
コリンヌ・ルパージュ――危険性がきわめて高いかどうかなどわかりません。だからこそ問題なのです。
『予防の政治学』（*La Politique de précaution*, Paris, PUF, 2001, p. 49）

人類が自らを破壊する存在となったのは二〇世紀においてである。直接的には核戦争によって、間接的には必要な生存環境の悪化によって。人類の自己破壊という臨界を超えた事態は長い時間をかけて準備されてきたものである。それまでは潜在的な危険でしかなかったものがついに深刻なものとして明らかになったのだ。私たちが環境と呼ぶものを繰り返し脅かす危機は、現在では、いくらか深刻な個人の健康不良のようなものだ。それは致命的な状態に対する警告として、おそらく現実の事態以上に不安を募らせるものである。

人間と共に、自然は自らの領分を越えるような力を発揮してきたが、そのために巨大なリスクを背負うことにもなった。しかし、自然は人間に知的能力を、倫理という輝かしい実践知を与えており、人類が事物や自己自身に対して過剰な力を、何より破壊の力をふるわないようにするには、ただ自然を適切に利用するしかない。

科学と技術の発展を基盤にした産業社会は、今日、自分たちの未来に重大な、それもきわめて重大な脅威が重くのしかかっていることに――大騒ぎしながら、思考の混乱を伴いながら――気づいているのではないだろうか。この事態を示す最適の言葉が、「リスク」の自覚である。私はこの言葉の選択が間違っていることを示したいと思う。

「リスク」という考え方

リスクの問題は様々な視点から扱うことができる。この領域に関して最も古く確立された人文科学の学問は経済理論である。だが経済理論が確立される前にすら、すでにリスクを孕む未来、あるいは不確定な未来に対する決定の理論が、偉大なる世紀〔＝一七世紀〕の最も優秀な数学者たちの著作に姿をあらわしていた。パスカル、フェルマー、ホイヘンスといった確率計算の発明者たちのおかげで、偶然の働きは人間理性の法の支配下に置かれることになったのである。二〇世紀に入り、経済思想は合理的選択の理論を練り上げることで、自らの基盤をさらに強固なものにしようとした。レナード・サヴェッジとジョン・フォン・ノイマンの主要な著作がその例である。彼ら数学者が、合理性を定義するための仮説を公理のかたちで提起しようとしたとき、彼らがただちに考えたのが、金を賭けようとして勝率を計算する人のように、不確定な未来を前にした行為者というケースであったことは意味深い。今日、環境や人間の健康を脅かす脅威について検討を重ねる専門家たちは、いまだにこのような思考の枠組みのなかにいる。彼らのうちの一人がパニックに陥って、「人類はいくつもの深刻な不安を抱えている。世界で日々およそ一万人の人間が無意味に死んでいるのは、環境が彼らの哀れな生を掌握してしまったからだ〔……〕われわれは未来の地球環境と大規模なポーカーゲームをやっているのだ[*1]」と叫ぶとき、その人物が運まかせのゲームについてのパスカルの隠喩(1)から手を切れていないのは明らかである。しかし、狂牛病で亡くなる不幸なイギリス人の数は、専門家によって数百人から数万人まで開きがあるが、彼らが最初に深刻な症状を感じたとき、ハズレくじを引いた、などと思うだろうか。そんなことは思わないだろう。彼らはそうした不公平な運命、理解しがたい不運のなかで、無駄に存在しているわけではないと考え、そうした不運に抵抗するだろう。あるいは、衰えゆく精神が許す限り、彼らは自分たちを襲った不幸の起源に人間の責任がないか探し求めるだろう。

しかし、環境や公衆衛生の問題に関する数多のシンポジウムや討論会では、力を握っているのは経済学者か、何らかのかたちで経済に関わる人たちである。また、そこでは保険関係の人間も力を持っている。というのも、サッカーチームや競争馬の勝利のように、脅威を予測不可能なものへ賭けることのリスクと考えるならば、それは保険金の対象となるからである。しかし、今後起こるかもしれない大規模なテロリストの攻撃は、サンフランシスコを海水に沈めてしまうマグニチュード8以上の地震のようには保険金の対象にならない。要するに、環境思想は本質的には環境経済に還元されてしまうのである。このような経済の独占ともいえる状況はたいへん有害であり、それを懸念するだけの十分すぎる論拠はある。現段階では二つの論拠を示すだけにとどめたい。経済学者は、リスク問題が自分たちの手に余る問題であり、自分たちが取り組む問題の倫理的・政治的次元が軽視されてはならないことを認めるのにやぶさかではない。しかし、それでも彼らは自分たちの手続きが、それ以外の手続きや状況から分離可能であり、それゆえ、経済学の内部でリスク計算を行うことが可能であると主張している。私は反対に次のような考えを支持したい。すなわち、現状に合った倫理を追求するのであれば、経済計算を支える哲学的基盤を根底から変える必要があるのだ。リスク問題をもっぱら経済思想が独占しているという状況——たとえば、経済思想が好む「コスト・ベネフィット[2]」のバランスシート——に反対するもう一つの理由は、経済学が当の問題に関して利害関係にあるにもかかわらず、それを裁く立場にあるからである。「予防原則」に関する多くの報告書を読むと、しばしば現実離れしているという感覚にとらわれる。というのも、脅威――われわれがリスクと呼んでいるもの――に関して、それをとりまく状況が完全に抹消されているからだ。あたかも、商品価値による世界の侵蝕や、あらゆる生の領域が生産と消費の問題系へと還元されている事態が、私たちが語る危険とはまったく無関係であるかのように！　また、あたかも経済思想が、経済による大規模なグローバリゼーションの運動とも、経済思想を可能にするものであるにもかかわらず、経済思想にとって最も説明しにくい「世界成長」と呼ばれる熱狂とも本質的には関わりがないかのように！

だが、リスク問題に関心をいだく人間にとって経済学は唯一の学問というわけではない。集団パニックの様々な現象を扱う社会心理学、現代における倫理的思慮を対象とする政治社会経済学、「科学技術社会論（ＳＴＳ）」のアプローチ、責任に関する法哲学、リスク・危機管理における国家の役割を対象とする政治的・行政的思考。他のものも含めてこれらすべての学問は、今日では、技術に関する民主主義的憲章の作成のために必要とされている。多くの人が実現を望んでいるこの憲章は、科学者、専門家、国家、市民社会それぞれの役割をまったく新たに定義しなおすことになるだろう。これらの学問はまったく正当なものであり、そのなかにはきわめて優れたものもある。また、これらの学問はあらゆる経済計算よりも政治的次元を優先させることを望んでいる。十分に知識のある国民であっても科学的・技術的発展に関する大きな決定に関わることがない以上、あらゆる「予防」政策は本来期待されるものとは反対の効果を生み出す可能性があるという確信が、これらの学問の根幹にはあるのである。予防原則(3)(principe de précaution)は、本来目的とする安心を与える代わりに、パニックや極端な行動へと人々を駆り立てるかもしれないのだ。懸念していることだが、私の論考はこうした考えに何も寄与することはないだろう。それはあまりに性急な思考だと私には思われるからである。要するに、本末転倒なのだ。科学や技術に関する民主主義が、望むべき道を歩んでいくことができるような政治的手続きを、あるいは、大惨事へとまっしぐらに向かう高速道路をなんとしても避けられるような政治的手続きを想像する前に、悪の本性について思考することのほうが必要ではないかと私には思われる。本書が問題にするのはそのことである。

集団的合理性はもっぱら手続的な問題としてしか思考されえず、民主主義とは何よりもまずコミュニケーションや討議のための公共空間を構築することだ、という考えが、ここ数十年、とりわけフランスで徐々に根づいてきた。合理性が手続きの問題だとすれば、正当で適切な手続きにそって合意が得られれば、必然的に、いわばその特性を受け継ぐかたちで、もたらされる効果も正当で適切だということになる。そうなると、あらゆる手続きから独立した、また、あらゆる手続きに先立つような、正当性や適切性の基準を――あるいはむしろ、後述するように、悪の基準や受け入れがたいものの基準を――求める必要がなくなってしまう。手続的合理性によい面があるとしても、それは、手続的合理性の確立のために本質的な合理性を放棄しない限りにおいてである。[*2] 技術がもたらす脅威や危険、大量破壊兵器による抑止力の行使、いわゆる環境問題などと同じくらい人類の未来にとって本質的な問題に関して、頻繁に行われるように民主主義に訴えかけることは、規範に関する考察が欠けていることの口実に過ぎないのである。

この種の問題を扱った文献をいくつか読むと、現実離れしているという印象を持たざるをえない。それは、現実離れした抽象化への傾向を決して隠さない経済学の文献の場合よりもいっそう矛盾に満ちているといえる。社会政治学的な手続きは、あらゆる素朴さを捨てて、現実をしっかりと見据えようとする。しかし、ここでは破局と不確実性との関係を考えることが問題なのであり、社会政治学はこの不確実性の起源について何も教えてくれないだろう。すでにある大気中のガスによる温暖化が、数世紀後に、最低で二度、最高で七度の気温の上昇をもたらすかどうかはわからない。この二つの推定値の衝撃的な違いは、あごのちょっとした痛みと、脳への致命的な打撃と同じくらい異なる。イギリス人の狂牛病による犠牲者数を算定する際の許容誤差は、かつて一対一〇〇〇〔最小値と最大値の間で一〇〇〇倍の差異まで許容されているということ。たとえば一〇〇～一〇〇〇〇〇人の犠牲者数の差が認められる〕であったが、上述したように、現在では一対一〇〇〔たとえば一〇〇～一〇〇〇〇人〕である。このような不確実性はいったいどこから生じるのか。この問いに対する今日のお決まりの回答は、責任は科学論争にあるというものだ。科学の世界は「論争」の世界である。この問題に関する文献の一部はハードな社会学や科学史に連なるものだといわざるをえない。そこでは科学は論争の場として描き出され、様々な衝突の解決はただ力関係によって決定されるのであり、あらゆる攻撃は、それが「パラダイム」に、とりわけその支持者、威厳、権力、地位、資金調達に利益をもたらす場合、許容されるのである。科学の不確実性はそれゆえ、輝かしいスポーツの不確実性と同じ次元にあることになる。最強のサッカーチームであっても、試合につきものの偶然が拙い方向へと試合を運んだ場合には負ける可能性が必ずある。ただし、科学の場合には、何が最良のチームかをいうことができない点が異なっている。このような科学観は、たしかに素朴ではないといえるが、それでも、合理的発展を遂げる科学というイメージを脱構築するこの科学観からは提起されえない根本的な問いが残っているのも事実である。その問いとはすなわち、このような、食うか食われるかの科学の世界から、どのようにして、客観性や操作可能性の次元に属するものが生み出されるのか、というものだ。客観性や操作可能性が科学技術の未来を特徴づけることはないということは自己欺瞞でない限り難しい。

これは奇妙な逆転現象である。対象の内在的な特性のために認識がどうしても不確かなものとなり、論争が起こるのではない。論争のほうが不確実性を生み出すのである。後で見ることになるが、「予防原則」の定義に関するいくつかの支配的な考え方が意味を持つのは、このような非合理性を受け入れる限りにおいてである。

私のとる手続きはまったく別の次元にあるといえよう。それは、理論と概念の次元――すなわち、哲学的探求の次元にあるのだ。世界を変革しようと考える前に世界を理解することこそが急務なのである。世界の変容に関していえば、あたかも人間が存在しておらず、世界が独力で変容を引き受けているように見えている！　まずは、われわれを脅かす危険についての原因論を、また、天がなぜ突然、われわれの頭上に落ちてきてもおかしくないのかを説明できる理論を手に入れなくてはならない。フランソワ・ゲリーは「われわれは愕然とし、そして、予期しえなかった未曾有の結末が突如として降りかかるのを目の当たりにするのだ」[*3]と書いている。ジャン＝マリー・ドムナックは現代世界における「悲劇の回帰」[*4]について語った。「新しいリスク」を扱うこれらの仕事はどれも、あたかも「新しいリスク」が、どの時代の人間社会にとっても避けがたい宿命であった自然災害と本質的には変わらないかのように、純粋にリスク管理の立場をとっており、とりわけ、そのあまりの素朴さのために人々に強い印象を与える。だが、これらの仕事は、きっかけとなった状況そのものに対しては無関心であるように思われる。

イリイチの思想

私は自分のとる手続きが、理工科学校《ポリテクニーク》と鉱山技師団課程(4)からラディカルな産業社会批判へ、産業社会批判から哲学の道へ、というこれまでの個人的な歩みと密接に関係していることをただちに述べておきたい。優れた科学哲学者であるジャン・ウルモは、理工科学校時代の私のアドバイザーであり、私が理工科学校に最初の哲学研究センターを創設することができたのも彼のおかげであった。ウルモはよく、私のことを「過激な合理主義者」と呼んでいた。私は居心地の悪いこの立場を受け入れている。それゆえ、ここでは合理的な、あるいは賢明な「破局論」を擁護したいと思う。

七〇年代、私はイヴァン・イリイチの思想をフランスに導入した。[*5] 当時、われわれはすでに、大雑把なかたちであれ、近々起こると思われた巨大なパニックの到来を予期していたのである。それは不幸の予言といえるだろう。本書でもまた、私はこの立場を受け入れ、合理的な議論を通じてそれを正当化していきたいと思う。この議論をさらに深く展開していく前に、イリイチによる批判の核心を簡単に要約してみたい。彼の批判のキーコンセプトは「逆生産性」と名づけられた。

あらゆる使用価値は二つの方法で生み出されうるのだが、それは、自律と他律という二つの生産様式を駆使することによってである。人は意味に満ちた環境のなかで人生の様々な出来事を経験しつつ学ぶことができるが、給与をもらっている教師から教育を受けることもできる。健康的で衛生的な生活を送ることで自己を健全に保つことができるが、同時に、専門臨床医の治療を受けることもできる。徒歩や自転車といった低速度の移動を基盤にした居住空間と関係を持つことができるが、同時に、エンジン付きの交通手段によってできるだけ早く空間を飛び越え、空間を消滅させようとすることで、空間と道具的な関係を結ぶこともできる。人は援助を求めてくる人を手助け（service）することもできるが、同時に、その人に、そのための様々なサービス（services）がありますよ、と答えることもできる。

他律的な生産様式が生み出すものとは違って、自律的な生産様式が生み出すものは、一般的には測定することも、価値づけることも、比較することも、他の価値に加えることもできない。自律的な様式で生み出された使用価値は、経済学者や公認会計士の影響力から逃れるものである。確かに、他律的な様式はそれ自体悪であるというわけではないし、それどころかその反対ですらある。しかし、慧眼にもイリイチが提起した大きな問いは、二つの様式の連関に関わるものであった。他律的生産が、使用価値の生産の自律的な能力を著しく高めうることは否定できない。この場合、他律とは、自律という見失ってはならない目的に奉仕する迂回生産でしかない。しかし、イリイチの仮説によれば、二つの様式の「正の相乗作用」が可能であるのは、きわめて明確な一定の状況下においてのみである。ある一定の発展の臨界値を超えれば、他律的生産は、自律的な能力が麻痺するほどの物理的・制度的・象徴的領域の完全な再編成をもたらす。そのとき、連鎖型の悪循環がはじまる。イリイチはそれを逆生産性と名付けた。人間を自己自身、他者、世界と結びつけるつながりが希薄化することは、他律的な代替物を求める原動力となる。というのも、他律的な代替物は、それを必要とするような状況を増やしていくことで、疎外化が進む世界における人間の生存を可能にするものだからだ。そこから矛盾する帰結が生じる。臨界値を超えた場合、他律的生産が増えれば増えるほど、他律的生産は目的そのものの実現にとって、本来役に立つと思われていたにもかかわらず、障害となってしまうのだ。たとえば、医者は健康を損なわせ、学校は学生を愚劣にし、交通は人々の動きを止め、コミュニケーションは人を聾唖者にし、情報の流れは意味を破壊し、かつての生活の躍動感を取り戻してくれる化石エネルギーへの依存はあらゆる未来の生活を破壊する恐れがあり、そして忘れてはならないが、産業給食は毒物へと変容するのだ。

このような暴走、自己制御不能化、あらゆるコントロールを免れる連鎖的反応は宗教用語によってしか表現できないとイリイチは考えた。人間は傲慢《ヒュブリス》（*hybris*）の罪をおかしており、嫉妬深い神々は人間を報復の女神ネメシスのもとへと急いで送り込んだ。[*6] イリイチが生き、司祭としての活動を行ったメキシコへの旅行が、いかに私を合理的なものから非合理的なものへ、さらに、非合理的なものから理性へと向かわせたかについては、すでに別のところで話した。実際、私はメキシコでサイバネティクスと認知科学の創始者の一人ハインツ・フォン・フェルスターと知り合った。この出会いのおかげで——私にとっての歴史の狡智だ——私はフランスにおける認知科学の発展の立役者の一人となったといえるが、私は常に認知科学に対しては批判的な距離を保ち続けているし、その距離はますます大きくなるばかりである。[*7] いずれにせよ、私の歩みがいかなる意味でも、科学と技術によって具現化された近代的理性に対する批判ではないことは強調しておく必要があるだろう。科学の実践のなかには私を喜ばせるものもある。数学的想像力は私にとって詩に等しかった。技術に関していえば、それは私にとって、とにもかくにも必要不可欠な道具であるというよりも、驚きと熟考の源泉となるものである。ハイデガーやハイデガー主義者たちが理解しなかったのは、「瞑想的」思考が「計算的」思考の傑作に対して、たとえば、今日の人工知能におけるニューロン・ネットワークや、自然/人工の概念を劇的に変化させることになる未来の量子コンピュータに対して、最もよく働きかけることができるということである。

ここで問題にしているのは、近代的理性に対する批判ではなく、産業社会を特徴づける技術主義的設計への批判である。私がいいたいのは、社会組織、すなわち、社会の骨組みを構成する様々なつながりを、ある構築物によって置き換えようとする意志のことである。それは、自動車やグラスファイバーを生産するように、隣人や世界との諸関係を生産するこれまでにない設計方法を指しているのだ。高速道路、人工腎臓、インターネットは単なる技術的な対象や体系ではなく、空間、死、意味とのある種の道具的関係性を示している。この道具的関係性こそ、また、そこに含まれる支配への願望こそ、その有害な効果を見定めるために批判の対象とすべきものである。というのも、人間が自らの道具によって自然や歴史を支配しようとするあまり、その道具の奴隷になりさがるようなことはあってはならないからだ。技術主義的設計は中立ではない。左翼と右翼が同様に抱いている固定観念とは異なり、技術主義的設計とはそれを運営する者の意図によって悪を生み出したり善を生み出したりするようなものではない。イリイチの批判が注目された時代にすら、パリ市長は「エコ高速」ないし「コンヴィヴィアルな高速[5]」の建設を約束し、共産党員は社会主義の実現によって、公共交通を使って移動できる時間は「緊縮」社会においてよりも二倍以上になると断言したのである。高速道路やTGVを中心に建設された社会が、人と人との間に撤廃できない障壁をさらに生み出してしまうことを彼らは妨げなかった。

「近代《モデルニテ》」を批判することは、もはや津波やサイクロンを批判することと同様に、意味をなさないだろう。トクヴィルに倣って次のようにいわなければなるまい。すなわち、近代の運動は「神の御業であり、たしかにその主要な特徴がそこには認められる。すなわち、それは普遍的持続的であり、日ごとに人の力で左右しえぬものとなりつつあり、すべての出来事、すべての人々がその進展に奉仕している」のだと。「すべての人々」とは、トクヴィルが明言するように、「近代のために闘った人」であり、「自らその敵であると宣言した人」である。[*8] ドイツの哲学者ハンス・ヨナス——彼の思想については後に触れることになる——は、彼自身認めていることだが、自分の「破局論」をきちんと整備しなかった。彼は『未来の倫理学』で次のように述べている。「このような状況では、力は複雑で部分的に矛盾した機能を果たす。懸念される不幸の原因は、場合によっては、同時にその不幸を防ぐための唯一の方法でもある。なぜなら、まさに、有害な力を生み出すことになった当の知を全面的に動員することが必要となるからだ」。[*9] 二〇〇一年九月一一日の悲劇から引き出される、同じく矛盾する教訓の一つは、批判という民主主義的な道よりも、破壊というニヒリズムの道を選んだ近代に対する最もラディカルな異議申し立てが、それ自体、近代の枠組みのなかで形成され、近代が持つ力を徹底的に活用することでしか、その犯罪的な企てを成就することができないということである。

だが、近代世界における科学・技術・経済・政治の発展モデルは致命的な矛盾に苦しんでいる。普遍的であることを望み、自らを普遍的だとみなす近代の発展モデルは、実際にはそうではないかもしれないなどとは考えもしないのである。きわめて自閉的な妄想にとらわれた近代の発展モデルは、人類の歴史はかならずそのようなモデルに至るに違いないと信じてさえいるのだ。このモデルは歴史の終点〔＝目的〕を設定する。すなわち、それに先立つありとあらゆる痛ましい試行錯誤をいわば埋め合わせてくれるような、そしてそれゆえに、あらゆる試行錯誤に意味を与えてくれるような終点を設定するのである。しかし、この発展モデルはいまや、自らのグローバル化が避けがたい内的および外的障害に直面していることを自覚している。「今日に至るまであらゆる国が従ってきた発展モデルは、持続可能な発展という概念をめぐって繰り広げられた空疎な議論以上に、本質的に持続不可能なものである。実際のところ、持続可能な発展は、基本的には化石燃料から得られる安価なエネルギー利用にかなりの部分を頼っている。だが、周知のように、適切なコストで入手可能なエネルギー量には限りがあり、地球上のすべての国がこれから一世紀以上の長期にわたって発展し続けることは予測できない。化石資源の燃焼によって大気中へ放出された炭酸ガスが気候変動を引き起こしているため、より近い未来を検討することが迫られているのである。この問題が、ここ数十年のスパンで重要性を持つ問題であることは広く認められている」。この文章は無責任な極左によるものではない。文章に署名を入れたのは、世界気象機関と国際連合環境計画が設置した公的機関「気候変動に関する専門家の政府間グループ[*10]（ＧＩＥＣ）」に属するフランス人の専門家で、長い間、理工科学校の研究主任をつとめた、情報技術総局のメンバーのミシェル・プティである。[*11]

つまり、近代は自らにとって何が最も本質的なのかを選択しなくてはならないのである。普遍化の原則へと通ずる平等への倫理的要請を選ぶのか、あるいは、近代がこれまで獲得してきた発展の様式を選ぶのか。自分の取り分のケーキを脇にとっておきながら同時にそれを食べる、そんなことはできないのである。現在の先進国が孤立していくのか――それは今後ますます次のことを意味するだろう。すなわち、発展から取り残されたという怨恨から残酷で忌まわしい攻撃がエスカレートしていくことに対して、先進国はあらゆる手段を講じて自己防衛をしなくてはならないということを――、それとも、人類全体に普及できるような、今までとは違う世界、自然、事物、生物との関わり方を作り上げていくのか。

2　迂回、逆生産性、倫理

「地獄だ！　地獄だ！」

ジョゼフ・コンラッド『闇の奥』(6)

資本主義、さらには産業社会に対する社会批判は、しばしば、道具的合理性を、あるいはむしろ、そうした道具的合理性だけが近代的理性を独占しているという状況を槍玉に挙げてきた。マックス・ウェーバー以来、道具的理性の帝国主義から「世界の脱魔術化」が生じ、あらゆる存在や事物が彼方の目的を達成するための単なる手段へと格下げされ、自然は道具化したなどといわれている。この種の批判はマルクス主義、ハイデガーによる技術批判、フランクフルト学派、「ポストモダン」思想、哲学的脱構築、政治的エコロジー、環境主義など様々な思想に見出せる。私は人々が標的を見誤っていることを指摘したいと思う。

迂回の論理——近代合理主義の起源

イリイチは産業的生産様式に対してきわめて独創的な批判を提起したと思われる。彼によれば、産業的生産様式を規定するものは、マルクス主義が資本主義を特徴づけたような生産の諸関係ではなく、また、自然に対するある種の技術的な関係ですらない。根底に見出せるのは、迂回の論理である。この論理は、それ自体、宗教的なもののなかに起源を持っている。

合理的選択に関する現代の最も偉大な理論家の一人、ヤン・エルスターの著作がわれわれの出発点となるだろう[*12]。エルスターは資本主義とライプニッツの哲学体系との間にある親和性を明らかにした。彼は『弁神論〔神義論とも訳される〕』の著者と同様、人間存在の特徴は、より適切に目的へと到達するために迂回を行う能力であると主張した。人間はより迅速に動くために迂回したり、全体の消費量を増やすために消費や投資を一時的に抑えたり、さらなる好機を期待して敢えて目の前の好機を逃したりすることができる、など。動物行動学者にとって、この種の能力は知性の意味を明らかにするものである。つまり、知性とは道具的理性に密接に結びついたものだと考えられるのだ。

経済理論が確立する行為の哲学は、この主張に合致するものである。というのも、この哲学において、合理的に行動することは、ある成果を最大化することであるからだ。エルスターは、この最大化の原則が、単なる局所的な最大化ではなく、全体的な最大化をもたらすものとして理解されなくてはならないことを強調した。ある抽象的な風景のなかの山頂に自分がいると想定してみよう。少し隔たったところには、さらに高い山頂がそびえ立っている。もし局所的な最大化に満足しないのであれば、一度そこから降りてから、再び登らなくてはならないことを認める必要があるだろう。それとは反対の態度をとれば、英語で first step fallacy と呼ばれるもの、つまり最初の一歩の誤謬をおかすことになるだろう。月に到達したいと思い、木の頂点へ登る労をとる者は、より有効な技術に頼る前に、まずは再び地面に降りていく決心をしなくてはならないのである[*13]。

エルスターは、われわれが〈理性〉と呼ぶものは、この場合、宗教的なものと倫理によってその完全なかたちを与えられると考える。他の多くの思想家たちと同様[*14]、エルスターがライプニッツの『モナドロジー』と『弁神論』のなかに近代合理主義の源泉を探ったのは正しい。人間を「よりよく跳ぶために後ろに下がる」ことのできる特異な存在とみなすライプニッツは、この問題に関して造物主の的確なイメージを描き出している。可能世界のなかでも最善のものを実現するために、神は実際のところ、いくらかの悪をそこに含ませる必要があった。それがなければ、現実の世界全体はさらに悪化していただろう。個々のモナドという閉じた視点から見て悪と映るものはすべて、〈全体〉の視点から見れば、最良の善を得るために必要な犠牲なのである。この意味で、悪は常に犠牲に関わるのであり、犠牲とは迂回である。ルイ・デュモンは弁神論の形式の特徴を次のようにいい表している。「善は悪の反対物でありつつそれを包含する」[*15]。「包含する（contenir）」という動詞はこの文脈では「包摂する／ひとまとめにする（englober）」という意味を持っており、このような矛盾をはらんだ形式を、デュモンは「ヒエラルキー」と呼んだが、彼はこの語に本来なら聖なるものの領域に属する語源的な意味を与え、「反対物の包摂」と定義した。私は別の場所で、「包含する」という語が「包摂する」と「挫折させる」ないし「妨害する」という二つの意味を持つ限りにおいて、弁神論の形式が、アダム・スミスのいう「見えざる手」と同じ形式であることを示した[*16]。

道具的合理性、悪の正当化、経済論理。これら三つの形式は互いに密接に関連しており、近代的〈理性〉の雛形《マトリックス》をなしているといえる。経済的合理性とはまず、倫理的な経済のことであり、つまり、犠牲の合理的な管理のことである。犠牲とは「生産コスト」であり、つまりは、最大限の純利益を得るのに必要な迂回のことである[*17]。

私は次のことを主張したい。すなわち、迂回の論理は、実際のところ、近代的な「イデオロギー」[*18]の鍵となる要素であり、経済的合理性の核心である。しかし、人間が自己に対して抱いているイメージから離れれば次のことがわかる。（一）迂回の能力は人間存在の本質的な特性であるどころか、人間活動の基本的な諸領域で拒絶されるか、あるいは、動員されることがきわめて困難なものである。(二) 迂回の能力が現実に行使される場合、それは「適用可能な利点」[*19]となるどころか、道具的合理性の行使にとって最大の障害となりうる――きわめて雑駁な分析をすれば、迂回の能力は道具的合理性と密接に結びついていることになるのだが。

さらにいえば、迂回の論理は、倫理の領域において、人々からたいへん嫌悪されているように思われる。産業社会に対するイリイチの批判は、迂回の論理がこの上なく逆生産的であることを明らかにした。ここでは、倫理に関する問いに移る前に、まずこの点について検討してみたい。

逆生産性――堕落した迂回の論理

イリイチの批判が問題にしたのは、正確にいえば、迂回の論理そのものではなく、迂回の論理が精神に与える影響である。迂回の精神に駆られた人間は、その罠にはまり、迂回とはまさに迂回でしかないことを見失ってしまうことがありうる。よりよく跳ぶために後ろに下がる者は、飛び越えようとする障害から眼を離さない。もし、跳ぶ方向とは反対の方向を見据えて後退すれば、目標を忘れ、進歩のために後退しているにもかかわらず、目的と手段とを取り違える恐れがある。こうして、合理性は逆生産性となり、タンタロスの責め苦〔＝眼前にある欲しいものが永遠に手に入れられない状態〕の様相を呈する。この悲劇的な急変を明らかにしてくれる基準こそ、目的に対して手段が最適かどうかの基準、すなわち、道具的合理性そのものに他ならない。したがって、道具的合理性は被告人にはなりえないのである。

七〇年代、私はイリイチと共にこの種の批判を行った。その目的は、まさに学校、医療、交通など、社会の巨大な制度が持つ逆生産性を明らかにすることであった[*20]。この批判はラディカルなものであったため嘲弄を浴びることになった。嘲弄は当時としては有効な武器ではあったが、今日では長くは続かない。子供の将来を心配しておびえる社会は、もはや自らを苦しめている欠点を笑うことができないのである。私はここで、イリイチと行った批判のある点に立ちかえりたい。それは、周縁的なことではあるが、それでも、先程述べた〔迂回の精神と道具的合理性の〕区分を十分なかたちで明らかにしてくれると思われる。つまり、迂回の精神は道具的合理性の行使にとって大きな障害となりうるのだ。当時私は、自分の研究チームと共に、奇妙だが精密な計算を行い[*21]、その結果、次のような結論を導きだした。平均的なフランス人は移動のために車を運転したり、自分自身で車の手入れをしたり、何より、自分の車の購入・利用・維持に必要な資金を調達するため工場や事務所で働いたりして、一日四時間以上、自分の車のために時間を費やしているのである。この計算のために集めたデータを最近見直してみて、現在の状況はおそらく二〇年前よりも悪くなっているという結論に達した。[*22]

もし、あらゆるタイプの走行を合わせた平均走行キロ数を、車に費やした時間〔あるいは「全体から見た時間」〕で割れば、速度の次元に属するものが算出されることになる。この速度を、われわれは「全体から見た」速度と名付けたのだが、それは時速七キロ、すなわち、人間の歩行速度よりもやや速いが、自転車の速度よりわずかに遅い程度である。[*23]私はこのような計算を「奇妙な」と形容した。しかし、次のことは指摘しておく必要があるだろう。この計算は、たとえば、二つの交通手段の純利益を比較する場合に、エンジニア・エコノミスト〔公共事業をプランニングし、その経済的な価値を提言する技術者〕たちが「時間価値」を算入した「全体から見たコスト」を設定して行う計算と同じ問題系に属している。「時間価値」は通常、時間給に結びついているが、われわれが算出した全体から見た時間というのは、エンジニア・エコノミストたちが時間価値で割ることになる全体から見たコストに他ならない。時間を金の単位に変換する代わりに、コストを時間の単位に変換したのである。

計算上得られた結論は次のことを意味している。自動車を持っておらず、自動車にかかる費用のために長時間働く必要のない平均的なフランス人を想定した場合、もし現在の彼がすべての移動を自転車で行うなら、交通にかける「全体から見た」時間は少なくなるだろう——ここでいう「すべての」移動とは自宅と職場とを隔てる距離の日常的な移動だけでなく、自宅から離れた別荘への週末の移動や、長期休暇中のはるか遠くに輝くリヴィエラ〔避寒地〕の浜辺への移動も含んでいる。こうした自動車の「代替物」のシナリオを誰もがばかげた認めがたいものとみなすかもしれない。しかし、自動車を持たない人であれば、時間もエネルギーも費用も節約できるだろうし、環境と呼ばれるものに優しい存在となるだろう。ある場合には、明らかに不合理な状況だと思われるが、別の場合には、そう見えない、この違いはどこからくるのだろう。職場に向かう方法を手に入れるために、自分の時間の大部分を労働に費やすことは笑えないことではないだろうか。

先ほどの計算では、一時間の移動と一時間の仕事の等価性を既定のものとして考えていた。というのも、両者は別の目的を果たすための単なる手段とみなされているからだ。このような等価性はエンジニア・エコノミストの計算の発想源となるものである。それに対する反論は可能だが、まずは、この等価性が迂回生産の論理を真剣に考えることに他ならないことを認める必要がある。労働も交通もそれ自体が目的なのではない。経済的な計算が果たす使命は、管理者が全体的な見地から人間の苦労を極力小さくすることが可能となるように、その苦労を厳密に見積もることである。ところで、語源によれば、交通（英語のtravelの場合）も「労働」（travail）も苦労と苦痛の原因であり、二つの類似語は、中世にトリパリウム（*tripalium*）と呼ばれていた三本の杭でできた拷問道具から派生している。

実際、きわめて低い平均的効率性を得るために多くの人が多くの時間を移動に費やす生活様式や時空間構造の不合理さがわれわれに見えてこないのは、彼らが移動時間を労働時間とすり替えているからである。労働は原則的には――私たちが迂回生産と呼ぶ原則によれば――より迅速で効率的な交通手段でしかなく、交通とは、別の目的のための手段でしかない――たとえば、コンコルド旅客機の最初の広告を引き合いに出せば、目的は「愛する者同士を近づける」というものである。迂回の論理に忠実に従った（迂回の論理が持つイデオロギー的性格をより明確にするためにそうした）われわれの計算が示しているのは、「時間を稼ぐ」ことができると称する強力なエンジンを構想し製作するために費やす時間は、そのエンジンのおかげで実際に節約できる時間を無効にするどころか、それを大幅に超えてしまうのだ。ウサギは、熱に浮かされたように、会社の研究部門や組み立てラインの工場であくせくと働いているが、寓話のなかと同様、先に到着するのはカメのほうなのである。しかし悲しいかな、カメは絶滅しつつある。経済（économie）とは、人間の苦労や努力を節約する（économiser）ことなのだろうか。だとしたら、それはなんと素朴な考えだろう！　本来の目的とは反対に、その場でますます足踏みさせることになるかもしれなくとも、絶えず人間を忙殺しておくことが目的であるかのように事態は進んでおり、それは誰の目にも明らかではないだろうか。

労働は分業化されたことによって、すぐれて迂回生産を行うようになる。たとえば、高額な医療サービスを得られるだけの費用を獲得するために殺人兵器の生産に従事する人々がいる。それは、ある価値を――彼らの健康を――生産するためなのだが、彼らはもっと健康的で衛生的な生活を送りながら、かなりの程度まで自律的な方法でその価値を生産することができたはずだ。迂回生産の精神は、産業社会とそれを特徴づける度を越した分業によって、あまりに堕落してしまったために、迂回やその長さ、迂回を行うためのエネルギーはすべて自己目的化し、それ自体が追求されるべき目標となってしまったのである。それゆえ、自動車の全体から見た速度の計算は、多くの人々にとって不安を抱かせるものとなる。というのも、給与制の雇用における労働はもっぱらアウトプット〔出力エネルギー〕であったのに対して、全体から見た速度の計算は労働をインプット〔入力エネルギー〕として扱うからだ。繰り返すことになるが、このような計算について真剣に考えているのは職業エコノミストたちだけであろう。誰もが不必要ないしは有害だとすら思う生産が、それが人々に労働を提供しているという理由で正当化されているのだ。物の寿命が短くなることに対して、また、エネルギーの大量消費や大規模な環境汚染、再生不可能な自然資源の破壊をもたらす浪費に対して、誰も解決策を講じようとしないのは、それらが雇用を保障するからである。われわれがこの種の計算を行っていた時代に、フランスではある労働組合がコンコルド計画の遂行を激しく求めた。果たしてこの労働組合は、すべての元プロレタリアートが超高速飛行機で飛べるような階級のない社会が早く到来することを目指したのだろうか。もちろん、そんなことはない。組合が守ろうとしたのは労働である。ほぼ同じ頃、別の労働組合が、「大衆消費」を増し、発展とそのために必要な労働を促進してくれるだろうという理由で、社会の不平等の縮小を正当化したのだが、これは目的と手段を混同していたと考えるべきだろうか。そんなことはない。産業社会の目的は、まさに迂回生産を、すなわち労働を生み出すことなのである。

迂回生産が知性の証しだとすれば、産業社会はあまりに知的であるため愚劣であり、ほとんど知性のために死んでしまわんほど愚かである。いずれにせよ、イリイチと共同作業を行っていた二〇年前の私にとって真実はそのようなものであった。現在の私はもっと慎重であるが、それは自分の信念がすっかり変わってしまったからではなく、思慮を重ねた結果の現実的な理由からである。世界経済の成長という集団狂気は、トクヴィルがいう意味での「摂理」の次元を持っているように私には思われる——地球が単一の世界へと暴力的で有害な仕方で変容することは、まるで由来も理由も深い謎のままであるような一つの計画の存在を示しているように思われる。しかし、ある点に関して、私の憤慨は変わっていない。われわれを統治しようとするテクノクラートたちは——それが、心地よい教育的なやり方であろうが、乱暴で断固としたやり方であろうが、事態は変わらない——悲喜劇的ともいえる不合理の極みを、〈理性〉が課すものだとみなしたのである。それこそ、何があろうと合理主義者であり続けている私にはどうしても耐えられないことである。

倫理と合理性

ここでようやく倫理の問題に立ち入りたい。私が考える倫理とは、われわれの文化に固有の宗教的・哲学的な伝統に根ざした「常識《コモンセンス》」の倫理である。「常識《コモンセンス》」の倫理を構成する直観の大部分は義務論的なものである。この場合、直観は絶対的な禁止や義務によって表現されるもの、すなわち、自己や世界への影響を考えると、尊重することが難しいということがわかっている場合でも、それと関係なく課されるものである。ルソーやカントの流れにおける直観においては、最も高度な道徳的能力である自律は、公正で、超越的で、不変である法や規則を自己自身に課すことによって、自己の個別性の限界を定め、その法や規則を遵守することを意味する。常識《コモンセンス》の道徳とは、結果の評価をあえて棚上げし、規範を遵守しているかどうかによって行為の価値をはかる意図の道徳でもある。

　このような倫理が、迂回生産の原則に適った道徳上の学説――そのような主張は存在している――にとってショッキングなものを含みうることは指摘しておいてもよい。念頭にあるのは、帰結主義と呼ばれる学説であり、この立場の功利主義的形態はとりわけ経済思想に近い。帰結主義は、利益を得る人間のアイデンティティに関係なく、関係する利益の合計を全体の成果とみなし、それを最大化できるよう常に行動することを各人に命ずる。*24帰結主義が持つ合理性は、したがって、経済的合理性と同様に、道具的合理性なのである――手段は目的のなかにその根拠を見出すのだから。なるほど、それは経済的合理性と同じではない。というのも、帰結主義の合理性は、経済的合理性には無縁の公正さという理念を具現化しているからである。しかし、ここでの直接の関心は経済と倫理との関係ではなく、最大化の原則を尊重するそれ自体ですでに倫理的な学説が、われわれのなかに最も根づいた道徳的信念と正面から衝突するということである。*25

　まず、殺人は虚偽や約束の破棄と同様に悪である、といったきわめて強い道徳的信念が最初にある。一般的な道徳はこうした信念の上に、「汝殺すなかれ」や「約束を守るべし」といった、各々の行為者にとって絶対的である禁止や義務の体系を築き上げる。しかし、帰結主義が主張するのは次のことである。すなわち、もしある行為者にとって殺人をおかすことが悪であり、約束を守ることが善であるなら、殺人者の数が少なければ少ないほど、また、約束を守る人の数が多ければ多いほど、世界はよいものとなる。それこそ合理性が求める最大化の要請であるが、この要請はそれ自体では道徳的なものではなく、道徳以前の、いかなる道徳性とも関係のないものとすらいえる。しかし、この要請は善悪をめぐるわれわれの信念に組み込まれ、全体的な観点から、世界のなかに善を増やし、悪を減ずることを目指さなくてはならない、という帰結主義の原則を生み出すことになる。[*26] しかしながら、倫理的省察にとって多くのジレンマを生じさせる例外的な場合では、全体の総和を最大化するという目的のために、禁止を破り、常識《コモンセンス》の道徳が課す義務から逃れることを命ぜられることがある。つまり、帰結主義の観点から見れば、常識の道徳は悪を妨げ、善を奨励すること以外いかなる正当化もできない禁止と義務の名において、全体的な観点から悪を最小化し、善を最大化するものを断固として拒否しなくてはならないという矛盾した立場にあることになる。「汝殺すなかれ」、というわけだ。しかし、一人の無実の人間を殺すことで、他の二二人が殺されることが避けられるとすればどうだろう。この場合、もし一人の無実の人間を殺すことは忌むべきことだと心底わかっていても、この殺人に対する禁止は理性に反するように思われる。つまり、伝統的な道徳(キリスト教的道徳、カント的道徳、義務論的道徳)は非合理主義に陥っているように思われる。伝統的な道徳は「よりよく跳ぶために後ろに下がる」ことを拒否し、犠牲の論理を容認せず、迂回の原則を却下するのである。

ロバート・ノージックのような功利主義批判の論客たちが迂回の原則を厄介払いしようとする際、彼らはしばしば次のようなケースを引き合いに出す。「行くところ行くところで掠奪、放火、殺人を行う暴徒は、犠牲となる人々の権利を侵害することになる。それゆえ、さらに重大な権利侵害を防止することができ、権利侵害を最小限にとどめることで共同体が全体として最善の状態に近づくという理由から、暴徒の怒りの原因となった、犯罪に対しては無実である人を、犯人として処罰することを正当化しようとする者がいてもよいことになろう」[*27]。無実の人間を暴徒の糧として差し出すことほどぞっとすることはないので、このことを正当化する功利主義は断罪されるべきだということだ。しかし、われわれが〈理性〉と呼ぶものの最も基本的な原理もまた断罪されなくてはならないのだろうか。ノージックが提示した状況は、カイアファ〔＝ユダヤの大司祭〕の選択とまったく同じものであり、カイアファが大司祭やパリサイ派の人々に「あなたがたは何も分かっていない。一人の人間が民の代わりに死に、国民全体が滅びないで済む方が、あなたがたに好都合だとは考えないのか」(「ヨハネによる福音書」一一章四九―五〇)といったとき、彼の言葉は対話者の純粋理性に向けられていた。

しかし、大胆な功利主義者は、いとも簡単に常識《コモンセンス》の道徳を断罪するよう告げる。義務論的な倫理と帰結主義の学説は根本的に両立不可能であり、両者を修復しがたいほど隔てているのは迂回の合理性（ここでは犠牲と呼ばれる）の問題である。この隔たりの核心は、またしても、宗教的なもののなかに見出せる。ライプニッツがいう神は、実際のところ、福音書で次のように描かれた神の対局に位置する。「あなたがたの中に、百匹の羊を持っている人がいて、その一匹を見失ったとすれば、九十九匹を荒野に残して、見失った一匹を見つけ出すまで捜し回らないだろうか」（「ルカによる福音書」一五章四、「マタイによる福音書」一八章一二）。この教えは、犠牲の問題における〔犠牲にされるものとそれによって助かるものという〕二つの関係を完全に転倒させているために、きわめて反経済的である。[*28] 伝統的に見て、荒野は共同体が生き続けるために悪魔アザゼルに贖罪の山羊を捧げる場所である。[*29] この教えのため、常識の道徳は迂回の論理に対して激しい嫌悪を抱くのだと私には思われる。

「犠牲」概念の失効とリスク社会の到来

最大化の、つまり犠牲の経済論理と、少なくともある特定の状況において犠牲というかたちの迂回を拒否する常識の道徳との間の衝突を私は描いてきた。多くの分析者たちが注目してきた矛盾の核心は、この二つの規範的な要請の衝突にある。現代社会は歴史上比類ない安全性を備えているが、にもかかわらず、ますます自らを「リスク社会」[*30]とみなしている。不幸に対する現代社会の感受性は、当の社会が嘆く客観的な悪の深刻さとは何の関係もないだろう。「主観的な」認識は、リスクに対する科学的・合理的な理解からは切り離されているといえる。それゆえ、エリートのテクノクラートたちは、ときにためらうことなく次のような結論を導きだすのである。すなわち、主観的な認識は「リスクへの嫌悪」において非合理的であり、科学技術教育があれば、国民はいまだ十分に説明されていないもの、きちんと説明されていないものを理解できるようになるはずだと。しかし、このアマチュア心理学はほとんど説得力がないため、別の次元に立脚する必要がある。

　裕福なわれわれの社会における次のような人々に目を向けてみよう。労働という社会的承認を得るための大切な道が閉ざされている人々、原始人ですら自分に確保することができた住居という最低限の保障を認められていない人々、自らのなかに芸術家、詩人、音楽家、あるいは単にエンジニアや情報科学者の才能を秘めているが、必要な教育を得られないためにその才能を伸ばす可能性がまったくない人々。彼らは「排除された人々」である。とにもかくにも、そのようなレッテルが貼られている。しかし、彼らは少なくとも、何かのために「排除された人々」なのだろうか。

「少なくとも」と「ために」という強調された二つの表現が問題を困難にしている。私の考察はこの二つの表現を軸に展開されることになる。

「少なくとも」という表現は、現在、われわれを怯えさせるが、いつの時代もそうであったわけではない。特定の悪がいわゆる全体の善のために役立ったのだとしても、情状酌量となるどころか、われわれにとって状況はますます醜悪なものに感じられるだろう。一九七〇年代、アメリカの社会学者ピーター・バーガーは、輝く未来のために奴隷状態を蔓延させ、大規模な破壊を行うことを正当化してきた近代史のイデオロギーについての著作を執筆した。彼はこの著作に『犠牲のピラミッド』というタイトルをつけた。バーガーによれば――目的を叶えたい者が手段を求める――道具的合理性が道を誤って生み出した傑作は、血に飢えた神のためにテノチティトラン〔=かつてのアステカ帝国の首都〕やその他の場所で行われた残虐な行為に通ずるものである。すでにカントにして、人類の歩みが最後の世代だけに許された住処の建設に似ているなどありえないことだった。ハンナ・アレントによってきわめて見事に分析された人間活動における工作人《ホモ・ファーベル》の勝利[7]は、われわれには耐えがたいものとなった。

社会からの排除と経済的な豊かさが生み出す悲惨は、手段と目的の論理に属するものなのだろうか。あるいは、ピーター・バーガーの言葉を用いれば、排除された者たちというのは犠牲者なのだろうか。バーガー同様、私は「犠牲」という言葉を、マルセル・モースがこの語に与えた定義にまで遡り、宗教的な意味を表す隠喩として用いている。すなわち、この意味における犠牲では、より高次の存在との交信《コミュニケーション》は生贄を媒介にして確立されるのである。世俗的なマルクス主義がそうしてきたように、もし排除を不当搾取の観点から説明すれば、その定義はもちろん十分ではない。他者がより多くを所有するために所有の少なくなる者がいることになるのだが、この場合、高次の存在とは、多くを所有するものの利己的な利益でしかないことになる。通俗のリベラリズムが主張するように、排除された者たちは、彼らに見合うだけのものしか所有していないのだ、といっても結論は同じである。

アダム・スミスからフリードリヒ・フォン・ハイエクに至る、経済学的発想から生まれた有名なリベラル思想は、市場がおかした悪を、より高次の利益のために受け入れられなくてはならない犠牲として解釈することを躊躇わなかった。たとえば、ハイエクによれば、市場では多くの苦しみを伴う。仕事が見つからない人、職を失う人が存在し、会社が倒産したり、お得意様から見捨てられたり、投資家が多額の投機をした挙句にすべてを失ったり、新製品がまったく売れなかったり、長く苦しい努力を払ったにもかかわらず研究者が何も発見できなかったりするのである。こうした不当で予見不可能な制裁は、運命の仕打ちのように突然襲いかかる。しかしながら、「社会的過程《プロセス》の不明確な力に身を委ねること」が賢明なのだ。実際、社会的過程は有益な自発性によって動かされ、いかなる個人的主体にも理解しがたい知を備えている。社会的正義や社会的過程の途中で生じる損害の補償などを理由に、社会的過程が持つ推進力に抵抗しようと試みることは、幻でしかないために手に入らない獲物を追って目に見えない摂理を失うことに等しい。資本主義は伝統的な社会では考えられないような貧困の形態を蔓延させることで、物質的貧困と自己自身の運命の放棄とを結びつけるような悲惨な状況を生み出してしまった——前代未聞の不条理で、マルクス自身もこれを解決しえなかったのではないか——とハイエク主義者に反論したなら、おそらく次のような返答がかえってくるだろう。資本主義は確かに貧困層を拡大したが、それは、資本主義のおかげで彼らのより多くが生きられるように、すなわち、生き延びられるようになったからだ、と。ハイエクは次のように述べている。発展は真に「生存に必要な計算」を行うようにできている。全体として生命の流れが活発になるのであれば、発展は即座にいくつかの生命を犠牲にすることができるのだ。ランダムに一人の人間を取り上げて、どのような社会であれば、その人物が満たされた幸福な人生を送る機会を最大化できるのかを考えてみていただきたい。ハイエクにとって、それは市場の「自生的秩序」に本来の自由を与えられるような社会であることは疑いようもない。

アダム・スミスと同様、ハイエクの道徳哲学は正確には功利主義あるいは帰結主義ではない。彼らの思想において、ある行為が賞賛されることは、その行為が「全体に対する効用」や社会の再生産に貢献したかどうかということとは関係ない。しかし、彼ら経済思想の卓越した思想家たちの著作では人間が功利主義的でないにしても、人間にとっての〈神〉、〈自然〉、〈発展〉は功利主義的なのである。〈理性〉は直接的にそれらを明らかにはしない。〈理性〉は狡知を駆使して行動するのである。ヘーゲルが理性の狡知[8]という図式を汲み取ったのは経済思想からである。すでに述べたように、この近代個人主義の形態は、弁神論と不可分のライプニッツのモナドロジーを雛形としている。世界には悪があるが、この悪がなければ、善は最大化することはなく、世界は可能世界のなかで最良のものではなくなってしまう。

したがって、繰り返すことになるが、近代が自己について獲得してきたイメージには多くの整合性があり、それらすべてを貫く発想源には経済思想がある。ここで興味深い問いが起こる。これらのイメージが持つ整合性は、われわれの規範的な要請全体を覆っているのか？　答えはもちろんノーだ。弱者たちをお荷物として途中で投げ捨てることを正当化してくれるようなより高次の存在に助けを求めたり、産業社会から排除された者たちを何かのための犠牲、すなわち必要悪とみなしたりできる責任者というものはほとんどいないだろう。悪が善のために役立っていたとき、そのことによって悪は正当化されていた。悪はその意味を失ってしまうと、耐えがたいものとなる。犠牲を正当化する図式は衰退し、いまや、経済活動の発展に伴う多くの悪は無意味なものとなってしまったのである。

安全性《セキュリティ》がこれほどまで高い時代はなかったといわれているにもかかわらず、ますます強い不安が広がっていくという事態を、私は次のように説明したい。その説明は道徳的なものだが、さらに構造的なデータも付け加えておきたい。統計学の視点からすれば、われわれの社会はこれまでの社会よりも安全かもしれない。しかし、それは本質的に、現在の社会が絶えずより恐ろしい脅威を先延ばしにするすべを身につけてきたからである。無限に対する大きな恐怖は、不確定な地平へと先送りされた未来そのものへの恐怖である。われわれの現在は、この未来全体が落とす影のなかの安全な場所に身をおいていると思い込んでいるが、そのこと自体が、現在を暗いものにしている。冷戦期、核抑止力は核による終末論の脅威が現実のものとならないように、その脅威を振りかざしていた。核がもたらす平和というか弱い鳥は、このような矛盾の巣のなかに身をすくめていたのである。冷戦期以来、核と同じくらい恐ろしい他の脅威がわれわれの眼前にあらわれた。現在の安全性《セキュリティ》は――とはいえそれはまったく相対的なものでしかないが――この数々の脅威がこれまで絶えず先送りにされてきた結果生まれたものである。これから見ていくが、「予防原則」というものは「潜在的には深刻であるが、それでも終末論的なものではないリスク」に限定されるものである。「予防原則」がただちに想定しているのは、数学でいうところの、すでに解かれた問題である。というのも、そのようなリスクを、それが予兆する終末論的な宿命とは無関係に思考することができるということがこの原則の前提となっているからだ。「予防原則」は切り離せない問題を切り離して思考する。それは大損をしないような見積もりを元に、われわれを安心させようとする原則なのである。

3　運命、リスク、責任

ひとりひとりの人間は波間に浮かぶあぶくにすぎず、大立物もほんの偶然の産物だし、天才が統治するといったって操り人形〔……〕いったいなんだろう、われわれのうちにあって、偽り、人を害《あや》め、盗みをはたらくのは？

ゲオルク・ビューヒナー、婚約者宛の手紙、ギーセン、一八三四年三月(9)

悪はいつでも、自然から、そして、同胞を迫害する人間自身から生まれて、猛禽のごとく人間に襲いかかる。ペスト、飢饉、戦争は暴力的な死をもたらすものであったが、いつの日か生産力の発展と人類の知の進歩がそれらを終わらせてくれるだろうと、人々は願っていた。悪の起源を人間が制御できない以上、人間を襲うドラマの作者は宿命、運命、神の意志であると人々は考えるようになった。産業社会を襲う数々の悪は、悲劇的な運命が回帰するという印象を多くの人に与える。温暖化や産業的・衛生的破局に用いられる「リスク」という言葉は不適切ではないだろうか。というのも、リスクがある場合、人間はいったい誰がそのリスクをおかしたのかと問うからである。自由精神は、いつも世界を宗教的ないし神秘的に解釈してしまうように思われる。だから、彼らには時代遅れだという非難が向けられるのだ。さらにいえば、もはや誰も運命など信じておらず、あらゆることに人間の責任が求められ、「新しいリスク」が耐えがたいものだとみなされている以上、そのような非難が向けられるのも当然ではないだろうか。

　私は本書で、人間に襲いかかる悪についての「運命論的」解釈を擁護したいと考えている。運命論というのは、生産力の不十分な発展、力の欠如が要請するものではない。反対に、それは力の過剰から、より正確にいえば、力を制御できないことから導き出されるものである。ハンス・ヨナスは次のように書いている。「いまやわれわれを不安に陥れるのは、かつてのように自然ではなく、まさに自然に対して行使される人間の力なのである――それは自然に対する不安であり、われわれ自身に対する不安でもある」[*31]。悪とはこの宿命であるが、それは同時に薬でもある。薬という名にふさわしい悪とは、むしろ、古代人がモイラ〔＝運命の女神〕と名付けたもの、すなわち、人間の意志による実行と達成に限界を定める運命のことである。まずは、これまで素描してきた悪の起源に関する説明に立ち返り、現在のわれわれの状況がそこにもたらした大きな変動を見定めることが必要となる。

運命としての悪

悪の伝統的な体制《エコノミー》は自然と迫害とによって論じ尽くされるものではない。悪の第三の起源は人間精神のなかに常に存在していたのであり、聖なるものの源泉と役割とを明らかにしようとすれば、おそらくこの悪の第三の起源のほうへと向かわなくてはならないだろう。イリイチは『脱病院化社会』の結論でこの起源について次のように述べている。

人間は試練に忍耐心をもって耐え、そこから教訓を得ることのできる動物である。人間は自分の限界を知り、それを受け入れることのできる唯一の存在である。人間が自己保存を引受けられるのは、痛みや健康の悪化に対して意識的に対応できるからである。反抗、粘り強さ、忍耐、諦観は、すべて人間の健康の不可欠な要素である。

しかし、人間は二つの戦線に立って、自然と隣人から身を守らなくてはならないが、人間自身がもつ人間性が脅威となる第三の戦線が存在する。過去のあらゆる文化のなかで神話が形成し、かつ支配してきた病的な夢想よりも人間は長生きしなければならない。人間が自己実現を適えられるのは、神話が悪夢を抑制するような社会においてのみであった。神話は聖なるものの領域へと侵入しない限りにおいて、第三の戦線において常に人間を安心させる機能を果たしていた。神々を欺こうとするわずかな者だけに目眩に襲われる脅威が存在していた。大多数の人間は病気あるいは暴力によって滅びた。人間の条件に背くものだけは、神々に対して疑念を投げかけたためにネメシス〔復讐を司るギリシア神話の女神〕の犠牲となったのだ。[*32]

イリイチは「今日、いわゆる平和産業の影響は、物理的・社会的・心理学的領域において戦争と同じくらいの破壊力を持っている[*33]」と述べた。世界の未来に重くのしかかる脅威の大部分は、この第三の戦線から生まれるのである。

欲望の産業化とともに、ヒュブリス〔傲慢さ〕は集団的なものとなり、社会は悪夢を物理的に実現したものとなった。産業的なヒュブリスは、狂った夢想に対して制限を設けていた神話の枠組みを破壊してしまった。〔……〕大衆にとってのネメシスは産業の進歩の不可避的な反動なのだ。ネメシスは産業の夢から生まれた物質的な怪物である。コンピュータ言語の中の匿名で捉えがたいネメシスは、教育の普及、農業、公共交通、産業における賃労働、健康の医療化を独占した。今やテレビ放送、高速道路、スーパーマーケット、病院を見下ろしている。伝統的な神話というガードレールは吹き飛んでしまったのだ。[*34]

イリイチに従えば、産業的ネメシスの復讐は巨大なシステムが孕む逆生産性にあらわれていることは明らかである。ここでは健康と移動の場合について触れてみたい。健康と移動は、温暖化、環境破壊、狂牛病、産業化された加工食品のリスク、輸血の悪評など、われわれの恐怖と不安をあおる「新しいリスク」と隣り合わせである。いわゆるリスクと呼ばれるこれらのものは、本質的に、空間や時間に対してと同様、身体、苦痛、死に対するわれわれの関係に対して他律的な生産様式が及ぼすラディカルな独占状態のあらわれである。より正確にいえば、これらのリスクはその可視的な部分でしかない。食糧は病気をもたらし、医療は自らが「医原病」と名付ける病によって病院で死者を生み出し、輸送も同様に死人を生み出している。輸送は大気と自然を破壊し、地球上の再生不可能な資源を枯渇させ、都市を引き裂き、多くの人口の可動性を減らし、生活の時間を浪費し、新たな依存関係を生み出すのである。こうした機能不全を、日々われわれは見聞きし、経験し、甘受している。だが、大多数の人にとってこれと同様に明らかだと思われているのは、こうした機能不全はそれを引き起こしている原因〔食糧、医療、輸送など〕のさらなる発展によってのみ克服されるだろう、ということだ。技術的な次元は逆生産性の氷山の一角に過ぎない。しかし、目に見えない部分、隠れた悪が存在しており、そのなかの、社会的な逆生産性と構造的ないし象徴的な逆生産性とを区別しなくてはならない。

まずは健康を取り上げてみよう。優れた生物学者であるルネ・デュボスは、健康の定義を、自分の生活条件を制御し、環境の偶発的な変化に適応できる、そして場合によっては、耐えがたい環境を拒否できる個人の自律的な能力だと提起した。[*35] 私は次の文章ほど医療の社会的逆生産性を的確にいいあらわしている文章を知らない。この文章は、製薬産業のすでに古くなった小冊子から取られたものだが、フランスが向精神薬消費の世界記録を更新し続けていることを明らかにしている。「われわれの時代は(古き良き時代とは)異なる仕方で不安をかき立てる時代である。各人は既得権益を保持することが誰にも保証されていないような絶え間ない競争に身をおくことを余儀なくされている。最終的に〝ストレス〟の強さはかつてと変わらないが、現在のストレスは、社会がその構成員である個人にとってますます強制力を持つものであり、また今後もそうなるだろうという事態から生じているのである。個人は今後さらに明晰で、注意深く、心のバランスのとれた人物であらねばならず、迅速で正確な反応が要求される。こうした能力を生来与えられている人間は珍しい。そうでない人々は、願望を充足できるだけの精神生理学的レベルに自己の状態を維持するために、精神安定剤を頻用することもできるだろう」。医療が健康にかかる経済的費用を懸念していることを示すために、次のような言葉が続く。「経済的生活の複雑化、貨幣価値の下落、雇用問題、都市部の人口集中、その他数多くの現代生活の要因のために、個人の心身のバランスは崩れ、しばしば病的な状態に陥ることもある。それに対する治療は社会保障《セキュリテ・ソシアル》を介して国家財政を圧迫している。精神安定剤や鎮静催眠薬は、多くの場合、病状の悪化を避けるための予防と調節の治療手段であり、そのため、本来なら一時的ないし決定的に経済の流通構造から身を引いているはずの人間が安価な代金で活動的生活を維持し続けるのにこれらの治療は一役買うのである[*36]」。

　診療室がストの参加者であふれていることはよく知られている。それは必ずしも労働ストの参加者というわけではないだろう。法が考慮に入れない他のストライキもこれに当てはまる。夫、恋人、父親、息子、教師、学生、責任者などの役割に対するストライキを病気という社会的事実が容認する。不満をめぐるあらゆる問題は、その原因ないし性質がどのようなものであれ――仕事や夫婦間における人間関係の不良、学校での子供の学習の遅れなど――医療制度が提示する支援要請のかたちであらわされる。たいていの場合、この要請は、医者の積極的な加担のもと、多少なりとも身体に関わる用語で偽装されている。だが、患者が仮病をつかっているわけでも、医者が詐欺師なわけでもない。医者も患者も単にあるゲームに参加しているに過ぎず、そのゲームの規則は、両者の関係に関する社会的・文化的コンテクストから生まれたものである。病気とは耐えることのできる異常、ただし、病人にも、さらには社会にも病気の原因を帰すことのできない身体の不調としてあらわれる限りでの異常を指す。病気は独立した自律性を獲得しているのである。それは個人とも、また、個人の生体機能を偶然乱してしまう環境と個人との関係とも無関係な実体である。このような病〔＝悪 mal〕の表象が医者と患者の間に同意を打ち立て、両者の関係性を可能にするのだ。

したがって医療の氾濫はある機能というわけではないが、ある効果を生み出す。たとえば、ますます多くの人が、体調が悪くなるのは自分のなかに何か不調な箇所があるからだと考え、決してある環境や、困難でときに受け入れがたい生活状況への順応を断固として拒否するという健康的な対応をしているからだとは考えないようになっている。医者は「巨大郊外団地病」や「労働状況から生じる苦悩」に効くとされる薬を処方している、あるいは処方してきたのである。不満の医療化は、自律性の喪失のあらわれであると同時にその原因でもある。というのも、人々はもはや、自分が抱える問題を自分の人間関係のネットワークのなかで解決する必要がなく、また解決したいとも思わないのである。こうして人間の拒否する能力は退化し、人は社会闘争の放棄に容易に甘んじるようになった。医療は病因論を信奉する社会の口実となっているのだ。

健康は、あらゆる使用価値と同様、他律的な生産様式がどのように個人や集団の自律的生産能力を豊かにし、活性化するかに依拠している。他律的様式とは、この場合、制度化された医療のことを指す。つまり、専門分化された医者の集団が人々に施す体系的な診察と治療の総体として定義される。自律的様式とは、伝統的に衛生と呼ばれるものである。この語が生きるすべ――そして死ぬすべ――という本来の価値と意味を失ってしまったことは意味深い。生産者が自分の労働時間と生活条件とを制御できなくなるとき、衛生の停滞が始まる。いかなる医薬学的な補助装置もこの喪失を補うことはできないが、医療の氾濫がこの喪失によって生じる様々な機能不全を生物学的で自然なものとし、そのために、政治空間というしかるべき次元で耐えがたい状況を打破しなくてはならないのに、それを妨げてしまっているのだ。

これが医療の抱える社会的逆生産性である。ただし、イリイチの批判はそこで終わらない。それこそ、「進歩主義者」がイリイチを容認しなかった理由である。イリイチが次のように主張するや、人々は彼のもとを離れていったのだ。「不治の病いの早期治療の唯一の効果は、患者の状態を悪化させることである。患者は、診断や治療が一切なければ、生きるべく残された時間の三分の二は、良好な健康状態のままでいられるであろうから」。

アンドレ・ゴルツがいうように、「「死ぬことは自然である」、「死にいたる病いは現にあるし、またつねにあるだろう」」、「死にいたる病いとは、避けることのできる偶発的な変調ではなく、死の必然性がおびる偶然の形態なのである」などと言い切ることはショッキングと受けとられるようになってしまった[*37]」。また、ハンス・ヨナスは次のように述べている。「死は、生物の自然本性に属する必然性ではもはやなく、回避可能な有機体の機能不全となった。〔……〕この問いかけはわれわれの有限性の意味すべてに、死に対する態度に、そして死と生殖のバランスが持つ一般的な生物学的意味に触れる[*38]」。

自律的能力の喪失と神話の形成

ここでわれわれは、自然と政治とを分ける曖昧な境界に立つことになる。この境界は、医療が持つ逆生産性の構造的ないし象徴的な次元と、その社会的次元とを分ける境界でもある。この二つの次元は正反対の方向へと向かっているように見える。それだけに、両者の区分についてはよく考える必要がある。今日、「新しいリスク」に対するわれわれの社会の唯一の対処策は「予防原則」の実行であるように思われる。予防が行為を意味するのか、それとも意思表示の回避を意味するのかで、専門家は論争している。この論争は無意味であるといいたい。社会的次元の逆生産性を意識することは、口実でしかない技術へとただちに人を向かわせるのではなく、政治的な意味での行為へと人を駆り立てる。反対に、逆生産性の象徴的次元を意識することは、行為か非行為かの境界の意味を再発見することと同じである。行為か非行為かという問いは無益な問いであり、ほとんど提起されるに値しない。

人間の構造的ないし象徴的な健康とは、もはや環境が持つ危険に対してではなく、痛み、病気、死といった誰もが経験し、これからも絶えず経験することになるきわめて内的な一連の脅威に対して、意識的で自律的な仕方で対峙する能力を指す。伝統的な社会における人間は常にこの能力を、自分の文化のなかから引き出していた。文化が人間の死の条件に意味を与えてくれていたからだ。そこでは聖なるものが中心的な役割を担っていた。近代世界は伝統的な象徴体系の残骸の上に誕生した。近代世界は伝統的な象徴体系のなかに非合理的なものと恣意的なものしか見出せなかったのである。伝統的な象徴体系は様々な限界を意味づけることで、それらの限界を人間の条件に固定したのだが、近代世界は脱神話化の企てのなかでそのことを理解できなかった。聖なるものを理性や科学に置き換えることで、近代世界はあらゆる限界が持つ意味を失い、そのために、意味そのものを犠牲にしたのである。医療の普及は、医療システムの無限の発展のおかげで痛みや障害が除去され、死が無限に遠のくことが実現可能な望ましい目標であるという神話をも普及させた。何としても根絶したいと思うものに対して意味を与えることはできない。一定の臨界値を超えれば、医療とそれが生み出す神話は構造的な健康を仮借なく破壊してしまう。

マルクス主義は生産力が十分に発展しない状況に疎外の最初の原因を見て取った。物理的環境がもたらす困難に立ち向かうことができず、悲惨な状況や病気に屈服した人間は、宗教世界の迷信に隠れ家を求めた。疎外の第二の原因は、人間による人間の搾取である。この場合も、搾取された者は抑圧者が課す苦しみを神の意志と混同し、宗教という阿片で眠らされているため、抵抗することに思い至らない。マルクス主義にとって、人間の解放は自然と抑圧という二つの戦線に対する闘争を経て手に入れるものであった。そこで構造的な逆生産性についての分析は次のような問いを導き出す。この解放のための闘争は、どの地点から避けがたいものに対する子供っぽいばかげた拒否と混同されるのか。いかなる条件において、政治的な原因から生じた悪を自然なものと見せかける神話化作用が、本来避けがたい人間の条件の有限性が意味の源泉としてではなく疎外として認識されることで、反対の神話化作用に転じてしまうのか。

交通の社会的逆生産性に関しては、すでに全体から見た自動車の速度の計算を示した際に扱ったので、ここでは触れないつもりである。実際の移動時間の代わりに労働時間を用いることで空間と時間の編成を歪曲しているという弊害を隠蔽していることを私は示した。

交通は、自らが引き起した悪をこのようにして見えないものにし、自らが毒であるにもかかわらず薬のように振る舞うことで、医療の場合と同様、生活のための時空間を荒廃させる社会の口実となりうるのだ。私がここで強調しているのは構造的な次元の話である。

交通によって運ばれてくる言説を信じるならば、交通は世界や他者に接触する機会を生み出していることになる。それは、世界と他者への接触のための自律的能力を助長してくれるような条件を生み出しているにすぎないというわけだ。だが交通がこの自律的能力を破壊することもある。われわれはそのような段階にいるのである。

この場合、自律は遅い速度の移動に基づいた空間との関係を前提としており、本質的には動く人の代謝エネルギーに頼っている。いかなる制約にも従わないとすれば、人は好きな場所のなかだけを歩く。エンジン車両の速さのほうがよいのは、望ましくない場所から離れる場合か、障害物としての距離を克服する場合である。産業時代の人間が乗り物に服従しているという状況は、人間がほとんどどこにいても自分の場所として感じられないことを明らかにしている。詩人として暮らしている人間にとって、住みにくい場所に住むという不幸は、その場所から頻繁に離れる可能性を増やすことによっては決して埋め合わせられないだろう。「ユーザーたちも、自分たちの交通の島を一つの領地として大切にし、その生活の場から頻繁に外へ積みだされることを怖れるようになれば、超能率的な交通との絆を断ち切ることであろう」とイリイチは述べている。現在の交通に対する根本的な代替案は、環境を汚染することがより少なく、温室効果をもたらすガスの排出の少ない、より静かで速い交通などではない。そうではなくて、われわれの日常生活に対する交通の影響力を徹底的に減ずることである。そのためには、産業が、産業そのものを必要不可欠とする状況をますます強化するという悪循環を断ち切らなくてはならない。つまり、交通が、交通によってしか乗り越えることのできない距離やコミュニケーションの障害を作り出すという悪循環を。

伝統的な生きられた空間は接続空間であった。すなわち、任意の二つの地点はかならず領地から出ることなく続く道によって結ばれていた。産業社会になって初めて、この接続性が破壊されてしまった。産業社会においては、家庭、職場、都市のいくつかの公共空間、商業施設、レジャーや気晴らしの神話的な「異国」など、個人空間はバラバラな部分、互いを分け隔てる諸部分に分解されている。意味を欠いた美的・象徴的な砂漠であるこれらの領地間を、人は交通システムに頼ることで可能な限り効率的に横断することを目的としている。たとえば、高速道路という空間を考えればわかるだろう。あのドーム型の金属〔=自動車〕はこの空間から身を守ってくれるが、ときに棺になることもある。ジェット機が飛び回る空間ではなおさらそうである。

だが、交通は、交通のおかげで伝統的な近隣付き合いに戻ることができるというお決まりの神話を形成する。「グローバル・ビレッジ」を得るためには、あの意味を欠いた空間を、最終的に踏破されるだけの死んだ空間を解消するだけでよい。現代の祈禱ともいえる広告の文句は、〈交通〉という神に叶えてもらいたい願いをこの上なくよく表現している。スイスのある航空会社がヨーロッパのいくつかの週刊誌にかつて掲載していた広告を見てみよう。そこに描かれているのは、モニュメント、広場、川、広い幹線道路などがある、文化的に豊かで変化に富んだアメリカの古い都市だった。しかし、もう少し近づいてみると、そこに描かれているものが怪物じみたものであることに気づく。そこには美しいヨーロッパの都市のなかでも最も美しい地区が隣接し共存しているのだ。赤の広場は河川一本隔てただけでコンコルド広場と隣接しており、ヴェネト通りはピカデリー・サーカスへと通じている。(10)この広告のキャッチフレーズは次のように書かれている。「当社はヨーロッパを一つの都市の規模にまで縮小した」。

伝統的な社会における神話は、現実と現実について語る内容との隔たりを少なくする能力を有しており、そのおかげで安定したものとなっている。この隔たりは、人類学者たちによって認められ、「認知的不協和」(11)と命名された。産業時代の人間が驚くほど交通において疎外されており、不合理なものや耐えがたいものを許容していることを理解するためには、本来の近隣付き合いへの回帰という神話が、自由に利用できる時空間の大部分が死んだ時空間となりつつあるという明白な事実をいかに隠蔽しているか知る必要がある。われわれの計算によれば、それは起きている時間の三分の一、そしてときには都市空間の半分を占める。ここではこうした分析が重要なのではなく、様々な移動方法が認知的不協和を減ずるような多様な能力を有していることを指摘すればそれで十分だと思われる。一方に、周囲の空間が持つ象徴的な豊かさに開かれた移動様式、この豊かさのなかで楽しみを与えてくれる移動様式としての徒歩と自転車がある。そして他方には、個人の自動車が公共交通よりもずっと優先され、空間も時間も破壊してしまう社会の口実として最も適した役割を果たしていると思われる。虚偽と無分別の権化であるこの社会は、いかなる点においても現実とは正反対のイメージを自らに与えることに成功している。イメージは動きやすさ、自律性、独立性によって作り上げられているが、現実を作り上げているのは交通渋滞と、道路交通への服従と他人の行動に対する著しい依存である。ドライバーが自分の自動車を、敵意のある外的空間から自分を隔ててくれる小さなドームとして、自分の住居の延長として、さらには、決して自分が今いる場所ではなく、行きたい場所と自分とを潜在的にも象徴的にも結びつけてくれる臍の緒のようなものとして語るのは意味深い。

したがって、逆生産性の循環は次のようにして閉じる。産業社会の時空間のなかで生きるためには、交通という補助装置を自由に扱える必要がある。この補助装置の存在が、時空間をかたちづくる諸力の規制のない働きに歯止めをかけるブレーキを取り除くのだ。この「諸力」を説明する必要はない。というのも、地価の論理であれ、不動産投機であれ、経済的・社会的活動の規模と場所に関する決定要因であれ、解釈が分かれるにせよ、この「諸力」に関する分析は豊富に存在しているからだ。一般的にそれよりも知られていないのは、空間の解体と全体化のプロセスに対する高速機械のドーピング効果である。

この指摘はわれわれに次のことを喚起する。「何よりもまず交通の問題を決して孤立して提起しないことである。交通の問題を、都市の問題・社会的分業の問題・分業が生活のさまざまな次元の中へ導入した区分化の問題〔……〕といつも結びつけて問わなくてはならない。このような空間の配置が、工場における分業とともに始まった人間の解体を継続しているのだ。このような空間の配置が、人間を輪切りにし、人間の時間や生活をはっきり分離したいくつもの断片に分割しているのだ。それは、あなた方が生活のどの断片においても、商人の手に委ねられた無防備な消費者となるためであり、労働・文化・コミュニケーション・快楽・欲求の充足と個人生活が、ただ一つにして同一の物――すなわち市町村という社会組織に支えられた生活の統一体――でありうるし、またそうならなければならないという考え方が、あなた方の頭に決して浮かばないようにするためでもある[*40]」。

社会的・構造的な逆生産性の分析に基づいて、われわれを脅かすものが何かを問う必要がある。政治家の側も哲学者の側も、多くの観察者が、われわれは暴走する電車に乗り込んでおり、ぶつかれば完全に粉砕してしまうような正体不明の障害物に向かって突進し続けているかもしれないと思っているのだ。コリンヌ・ルパージュは「実存の目眩」を、すなわち「あらかじめ制御することも、ましてや止めることもできない逃避への意識」を描き出し、「［……］絶えずより遠くへ行きたい、もっと利益を得たいという強い欲求のみに駆られた狂った工学機械が動き出したのだ」[*41]と述べた。ハンス・ヨナスもルパージュ同様に、次のことを認めている。「われわれは、次第に自分自身によって始められた過程の囚人になる。このことは否認できない［……］それは、目標設定がなされておらず、ほとんど宿命として感じられるような仕方で進むのである」[*42]。

パスカル風に語ってみよう[(12)]。利口ではない人間はここに運命を、すなわち、自分がどこに向かうかわかっており、通過する際にわれわれを粉々にするような宿命を見る。自らを利口だと思う人々は、そんな人々を、古くさい神話的な世界観にとらわれていると非難する。彼らは責任を、つまり責任者を、さらにいえば、罪人を探し求めるのだ。新しい悪の体制《エコノミー》の重要性を認識していなかった彼らは刑事訴訟によって、悪の体制の力学を調整し抑制することを願った。リスク管理者やその他の保険を専門とする経済学者たちは、中途半端な利口者であり、宿命と見えるものの背後に蓋然性の高い偶然のかたちを見定めることができたために、自分は既知の領域にいるのだと信じ込んでいるのだ。

私はこれらの解釈のどれもが満足できるものとは思えない。脅威は暗雲のように、不安をかき立てる未来がだんだん近づいてくる地平に積み重なっていく。脅威をリスクとして扱えば、古典的な両者の区分は消失することになる。リスクは内発的なものなのか、それとも外発的なものなのか。それは間違いなく内発的なものである、というのもリスクの原因は人間の行為だからだ。しかし同時にそれは外発的なものである。なぜなら、脅威は外からやってくるものとしてあらわれるのだから。かつての典型的な外発的リスクは、気象学的なリスクであった。われわれはいまやそれが内発的なものであることを知っている。私はここで矛盾をはらんだ第四の解釈を提起したい。それは、ある意味で、利口ではない人間の解釈に立ち戻らせる。運命の流れを上手く逸らすために、あたかも運命と交渉しているかのように行動することが重要なのである。不幸はわれわれの宿命であるが、それは人間がそこに自分の行為の帰結を認めない限りにおいてのみそうなのだ。それはとりわけ、われわれが自分たちから引き離すことを選択できる宿命なのだ。

4　技術の自律

人はみな時を恐れるが、時はピラミッドを恐れる

エジプトの諺

自律的システムの構造

イリイチの友人である、サイバネティックス学者のハインツ・フォン・フェルスターは、逆生産性についてまったく別のビジョンを持っていた。彼はそれを命題のかたちで説明したのだが、それ以後、生物学者のアンリ・アトラン、イスラエルの数学者モシェ・コッペル、そして私がその命題を定理へと導いた。この定理の意味は以下のように理解できるだろう。[*43] そこで問題とされているのは、全体（たとえばある人間集団）とその構成要素（集団を構成する個々人）の間の循環的因果関係を記述することである。個人は一方で他の個人と相互関係を持っており、他方で全体とも関係を持っている。個人間の結びつきは程度の差こそあれ「堅固なもの」となりうる。結びつきが強ければ強いほど、ある個人の行動を

理解しても、その他の人々の行動をすでに知っている観察者にもたらされる情報量は必然的に少なくなる。だがフォン・フェルスターの命題は次のようなものだった。個人間の関係が堅固なものであればあるほど、全体の行動は、その構成要素である個人にとって、個人のコントロールを免れた固有の力学を持つものとしてあらわれるだろう。よく考えれば、これはまったく矛盾した主張であり、この主張が価値を持ちうるのは、システムの内部で全体に対する部分という視点をとるからである。システムの外にいる観察者にとっては、それとは反対に、部分間の結びつきの強さは、たとえばモデル化というかたちで概念的なコントロールをするのに適していることは明らかである。個々人が〔たとえば、模倣的な行動をとることによって〕互いの結びつきを強くする場合、フォン・フェルスターの命題は内部の視点と外部の視点に楔を打つことになる。システムの未来は予測可能だが、個々人はシステムがたどる道筋を方向づけたり、修正したりすることが不可能だと感じるのである。しかし実際には、全体の行動はいつも、それを予測して個々人がとる反応から作り上げられているにすぎないのである。全体は、その発生条件に対して自律的なものとなり、全体の発展は運命のように固定されているように見えるのだ。

全体に対する内的視点を説明するために「あらわれるだろう」、「感じる」、「思われる」という表現を用いたせいで、この視点はある主観的な認識に対応しているととらえられるかもしれない。そして、この視点が唯一の客観的視点、すなわち、システム全体がシステムそのものに対して持つ視点と一致するためには、この主観性に知識や情報を与えさえすればよい、と思われるかもしれない。しかし、フォン・フェルスターの定理が持つ力は、それとは反対にわれわれに次のことを理解させる。すなわち、内的視点というものは、外的視点と同様に客観的なものである。両者はいずれも特定の状況に置かれた視点であり、その意味では、両者が対応する状況と同じく乗り越えがたいものである。

人類の科学的・技術的発展は人間による制御を免れて自律的な過程を形成するという考え方を擁護してきた近代社会批判は多い。たとえば、ハンス・ヨナスは次のように述べている。「経験は次のことを教えている。科学技術の営みは、そのつどの近未来の目標を実現するために発展を生み出すが、こうした発展には、独り歩きし始める傾向、すなわち、固有の強制力を持つ力学、自律的に働く慣性を獲得するという傾向がある。そのために、科学技術による発展は不可逆であるばかりか〔……〕前へ前へと駆り立てるものとなり、行為者の意志と計画を飛び越してしまう」[*44]。この点に関して、技術に関する思考を道具性という技術の日常的形態から引き離し、最も先へ進めたのは明らかにハイデガーである。技術は目的を果たすための手段では決してない。それは宿命（*Geschick*）なのである。自律性を与えられているのは人間ではなく技術なのだ[*45]。フランスではまったく異なる基盤に立脚して、ジャック・エリュールが同様の主張を行った。ドミニク・ブールはエリュールの著作を注釈して次のように述べている。「技術はあらゆる選択の可能性を反古にする。〔……〕ある決まった目的に到達するための最も有効な手段をある状況のなかで探ることだけが望ましいのであれば、定義上、唯一の解決策しか存在せず、それは非人称的な手続きによって確定できるものである。この場合、決断が複数の方法を組み合わせる論理から生じるものである以上、現実の決断を行うのは技術そのものということになる」。さらにブールは次のように続ける。「技術システムは、こういってよければ、本質上いかなる志向性も持たない。それはいかなる特殊な意図も、自己自身の発展の意図すらも実行することはない。技術システムにあるのはただ機械的に生み出される効果だけである」[*46]。エリュールの結論とは以下の通りだ。「技術の自律を前にした人間の自律というものはありえない」[*47]。

技術の発展を真の自律的行為だとみなすことは、これらの論客のうちの何人かと同様、フォン・フェルスターの定理が、まさに内的視点から客観性を構築することで避けたはずの本質主義の罠に陥ることを意味する。技術の自律とは、もしあるとするなら、内的視点にとっての自律である。だがそのようにいうことは、この自律化——オーストリアの経済学者・哲学者フリードリヒ・フォン・ハイエク風にいえば、技術という現象のその発生条件からの自己‐外在化といったほうがよいだろう――を説明するメカニズムの探求と両立しえないわけではない[*48]。

このような分析の基礎概念はまさに経済学者の著作に見出せるのだが、それは、彼らの著作がたいていの場合染まっている楽観主義的で効率性を求めるイデオロギーを免れている場合に限る。経済学者は伝統的に、市場の本質をなす、あの驚異的な自動調整作用に感嘆の念を抱いてきた。市場は自動的に平衡へと至る道を見出すのだが、このとき、平衡とは効率的な社会状態のことを指す。では何が市場にこの自己組織化の能力を与えているのか。それは、ある行為者が平衡のとれた行動から逸脱すると自動的に作動する負のフィードバックのメカニズムである(13)。行為者がこのとき受ける制裁（収入の減少、倒産など）は、行為者に市場から去るか、市場の規則を守るかを課すのである。リベラルな経済学者たちは、まさにこのメカニズムの自由な働きに任せることの必要性に訴え、自分たちに向けられた保守主義という非難をそのまま社会的正義の支持者たちに向ける。社会的正義という理想の名のもとに成功を切りつめ、失敗を補うことで、市場の制裁に対抗しようとする国家は、富を凍結し、収入の格差を是正するのだが、それによって同時に、経済という機械の調子を狂わせるのである。

模倣の力学と運命の創出

ところで、ここ数十年で、理論経済学は市場の自動調整作用における正のフィードバックの役割に関心を抱くようになった。そうなるに至ったのは、理論経済学が様々な競争現象において、とりわけ競合する技術のなかからどれを選ぶのかに関して、模倣の重要性を発見したためである。ところで、模倣がすぐれて正のフィードバックを生み出すものであることは知られている。それはダイナミックな変動性の主要な源泉となっているのだ。大多数の市場の理論家は模倣に関心を向けなかった。その理由は根深いものである。ここで賭けられているのは、近代的個人と社会的秩序というコンセプトだ。経済理論が定式化するような自己充足的で独立した個人は、同胞からの影響を受けないことになっている。市場の枠を出ない集団的現象は、群衆や、そこで演じられる感情や行為の伝染などとは何一つ共通点を持ちえないことになる。しかしながら、いつの時代でも何人かの最良の経済学者たちは模倣に中心的な役割を認めてきた。アダム・スミス、ジョン・メイナード・ケインズ、フリードリヒ・フォン・ハイエクらがそうである。[*49] ここでの私の関心はハイエクに向けられる。なぜなら、ハイエクは集団的現象の自己－外在化の条件と特徴とを、誰よりもよくとらえたからである。では、ハイエクはどのようにして、市場の自動調整能力に対する揺るぎない信頼と、模倣の重要性に対する鋭い認識との間で折り合いをつけたのだろうか。本当のことをいえば、ハイエクの問題はそれよりもずっと広い。それは市場だけでなく、技術発展を含んだ文化発展の理論にまで及んでおり、この理論は競争、模倣、効率性を等しく結びつけるものである。

模倣や、より広い意味で、正のフィードバックのループという現象が、あらゆるタイプの社会の自動調整論に対して投げかける問題の本質を把握するために、次のような基本モデルを考えてみたい。AとBという二つの主体はお互いを模倣している。彼らが相互模倣する対象は原則として不明である。しかし、評判や噂からBはOという対象を欲している（探している、買いたい、信じている、望む、など）とAが考えたとする。それ以後、Aは自分が何を欲するべきか（探すべきか、買いたいと思うべきか、信じるべきか、望むべきか、など）を知っている。それゆえAは先手を打って、Bに対して対象Oの存在を示す。今度はBがOに対する自分の関心を明らかにすると、Aは自分の最初の仮説が正しかったという証拠を得ることになる。彼の最初の仮説のイメージは、たとえそれがアプリオリには本当らしくないものだったとしても、自動的に実現されたことになる。互いに模倣し合う行為者のシステムが自己完結しているためにある種の客観性や外在性があらわれるのだが、それは行為者の数が増えるにつれますます大きな価値を獲得する。きわめてばかげた風評が、群衆を全員揃って、最も予期せぬ対象へと向かわせる。というのも、各人は他のすべての人間の眼差しや行動にその対象の価値の証拠を見出すからだ。このプロセスは二つの段階において展開される。最初の段階は鏡のゲームである。それは鏡像的であると同時に思弁的なゲームであり、そこでは、各人が他人のなかに自分が知りたいことの兆候を探っている。そして、このゲームは遅かれ早かれ全員を同じ方向へと駆り立てるのである。第二の段階は対象の安定化である。それは対象の発生条件に本質的に備わっている恣意性を忘却することで生じる。対象の発生に大きく関与した行為者が全員一致で意見を同じくするため、対象は、しばらくの間、行為者のシステムの外部に投げ出されることになる。行為者はみな、その対象の示す方向を向いてしまうため、お互いに視線を交えて、相手の様子を窺うことを止めてしまうのである。

このような模倣社会についての現象学的な記述は、数学的なモデルを用いて精密化でき、立証できる。今日、形式経済学のなかの活動的な一分野が、経済活動における非人称的影響と呼ばれるものの役割を調査している。この分野の研究は何が模倣世界と理想的な市場とを分離しているのかを十分に見定めるための手段を提供してくれる。アプリオリに思考しうるものや、多くの論客が実際に考えてきたこととは異なり、模倣の全体化は何も生産しないわけではなく、あるものを生産している。それは自己増強する力学を引き起こすのだが、その力学は目標に向かって何としても進んでいくものであり、そのため、この目標への集中が、何らかの混乱のために平衡状態から離れてしまっても必ず平衡状態へと戻る機械や熱力学のシステムのように、隠れた必然性のあらわれではないと信ずることは難しい。しかしながら、市場の理論が合理的な機構から導入した平衡概念は、模倣の力学の「アトラクター」[14]を特徴づけるのには絶対に適していない。模倣の力学の「アトラクター」は、隠れた秩序を示すどころか、最初にあった無秩序の増大を源泉としながらも、一点へと収束するために予定調和の外観をまとっている。つまりそれは、秩序と無秩序を凝縮したものである。模倣の力学は、先だって存在するある目的によって導かれているように見えるが——模倣の力学は内部からはそのように経験される——、実際にこの目的を発生させるのは模倣の力学そのものなのである。アプリオリにはまったく恣意的で不明確な、この模倣の力学の目的は、集団的意見が全体に行き渡るにつれ、明確な価値を獲得することになる。模倣の力学を最後まで働かせ続けておくこと以外には、それがどのような結果をもたらすか測定する手段はない。予測不可能な手続きが必然性を帯びるようになるのだ。

経済学者がいう理想的な市場は、自らの平衡を求め、外の現実を反映するとされている。相場は客観的で「基本的な」価値を示すが、それは技術の利用可能性、資源の稀少性、消費者の嗜好など多様な情報を総合したものである。模倣の力学はといえば、それは完全に自己完結したものである。この力学が生み出すアトラクターは、外の現実との一致とは何の関係もなく、単に内的一貫性の状況を、すなわち、アプリオリな〔＝経験に先立つ〕信念とアポステリオリな〔＝経験を経た後の〕結果との対応関係をあらわしているだけである。模倣のアトラクターとは自己実現する表象なのだ。

　したがって、全体へと蔓延する模倣は現実から完全に分離した複数の世界を作り出す力を有している。それは秩序立った、安定した世界ではあるが、同時に錯覚の世界でもある。模倣をきわめて魅力的なものにしているのは、この「神話創造的な」能力である。もし見出すべき隠された真実がどこかにあるのならば、それを明らかにするのに模倣の力学に頼るべきではない。世界のなかに効率性を保持したいと望むならば、同様に、模倣の力学に任せてしまわないほうがよい。効率性と隠れた情報を明らかにする能力は、経済学者が理想的な市場に進んで付与した二つの特徴である。理想的な市場と模倣のプロセスの間の溝は埋めがたいと思われる。

　模倣論理の臨床像は、大部分がすでにきわめて単純なモデルの段階にあり、行為者同士に模倣的な結合が生じると、結合プロセスの間ずっとその結合は固定されたままである。ある任意の行為者が別の任意の行為者を模倣する蓋然性は一定であり、場合によってはゼロである。[*50] 現象学的に見れば、この仮説があまりに限定されたものであって、模倣の力学はその固有の結合構造を修正する能力があることはよく知られている。一人の主体が、すでに多くの主体に模倣されていれば、それだけ、他の主体に模倣される機会が増えることになる。世論の誘引力は、それを共有する人間の数と共に増加する。その場合、模倣が一つの対象に集中する効果はますます顕著なものとなると考えられる。しかしながら、このような仮説をとることは、集団現象の非合理性を過剰に認めることになるのではないだろうか。最近の研究が明らかにしているのは、反対にこうした仮説が個人レベルの合理的行動に対応しうるということだ。個人が大衆に迎合することで獲得する私的利益は、大衆の規模が大きくなるにつれ客観的に増加する。技術の選択に関する経済学の文献において今日流通しているのはこの仮説である。技術が普及すれば、技術について人は常により多くのことを学び、技術は発展し改良される。そして、ユーザーの数が増えれば増えるほど、生産物の幅は広がり多様化する。さらに、生産コストと不具合のリスクは減少することになる。こうした状況では、競合する技術間の競争は、経済学者がいう「完全競争[15]」とはまったく異なる特徴を示している。第一に挙げるべき特徴は、「均衡」の多様性である（「均衡」という言葉はなおも技術を扱う歴史家によって使われているが、すでに見たように、この言葉はまったく不適切である。「アトラクター」を問題にするほうが適しているだろう）。一つの均衡の「選択」は、問題の形式的構造から演繹することでは決定されえない。選択を行うのは、偶然・変動・不測の事態を含んだ現実の出来事の歴史、とりわけ、システムの初動に影響を及ぼす出来事の歴史である。ここで決定的な役割を果たすのは「経路依存（*path dependence*）」という考え方である。市場の理論家たちが市場に影響を及ぼす障害を緩和する市場それ自体の能力を讃える際に、相変わらず好んで参照する熱力学の法則の対極にわれわれはいるのだ。このような〔熱力学の対極にある〕力学の進展はきわめて予測不可能なものである。この力学が行う選択が最も効率の高いものとなる理由はもちろん何もない。もし偶然の働きによって最初からある特定の技術が促進されるとすれば、ユーザーが集中するにつれて、この技術は自らが維持し、増幅するであろう「選択有利性」の恩恵を受けることになる。この技術は、単なる偶然によっていきなり選ばれたにすぎず、もし他の技術が万人にとってより条件のよいものだと分かったとしても、最終的には市場を支配することができるのである。つまり、技術的発展は望ましくない過程を「固持する」（ロックインする）傾向を強く持っており、そこから離れることはますます難しくなる。偶然、選択、「変動による秩序」、自己組織化されたプロセス。今日、技術の歴史家たちが用いるこれらの用語はすべて、ネオダーウィニズムとはきわめて間接的な関係しか持たない発展理論を定義するものである。

　技術的発展がどのようにして、あたかも一つの意図、計画、運命を具現化するかのようにして、一つの方向性や意味を示しているのか、そして、実際には技術的発展はどのようにしてまったく無分別なメカニズムの構造から生まれているのかが理解できただろう。技術的発展がわれわれを「よい」方向へ導いてくれるという保証などまったくないとすれば、それがわれわれを災厄へと導かない保証も、もちろんまったくない。これまでの分析に照らし合わせて、ハンス・ヨナスの次の警告を熟慮しなくてはならない。「ことがいったん始められると、行為の主導権はわれわれの手から奪われる。この始まりが生み出した既成事実は、次々と累積され、いったん始まったものの推進をつかさどる法則となる。〔……〕だから、物ごとを始めるに当たっては用心深くあれという義務が、ますます重要性を増してくる。真面目な考察に基づいて十分な根拠を示せる（単なる空想上の恐怖とはちがった）不幸の可能性を、希望に優先させることが重要である——たとえその希望が不幸の可能性と同じくらい十分な根拠を示せるとしても」[*51]。

先ほどの問いに戻ろう。模倣に最も重要な役割を与える心の哲学に基づいて、社会哲学を構築したフリードリヒ・フォン・ハイエクのような人がどのようにして、喜ばしくない結論を避けることができたのか。答えはとても簡単だ。誰もが誰かを模倣するが、ただ一人だけ誰も模倣しない個人がいる世界を想定してみよう。すべての人がこの人物を、この人物だけを最終的に模倣することになるので、この人物がシステムの要となることは容易にわかる。さらに補足的な仮定を加えてみよう。この人物が誰も模倣しないのは、自分が正しいことを知っているからである。だとすれば、情報をきわめて効率的に発見し伝播する模倣に基づいた発展プロセスをわれわれは手にすることになる。ここでわれわれは、模倣の厄介な特徴、すなわち、その両義性を見出すことになる。もしどこかによい情報があらわれ、それがそのまま認識されたなら効率的であるが、そうでなければ、この情報は錯覚と浪費の原因となる。問題は、知のシステムの内部から、われわれがどちらの側にいるのかを知ることは不可能だということだ。この決定不可能性を取り除くためには、外部に頼る必要がある。発展過程が「真実」あるいは「効率性」へと達したとき、警報が鳴って、「もうこれ以上はやめなさい」と、つまり「模倣をやめなさい」と告げなくてはならないのだ。したがって、全体に蔓延した模倣によって生じる自己‐外在化は最適化の力を持つが、それは実際の外部によって統制されている場合に限られる。現実の外部がなければ、自己‐外在化〔の力〕は惨めにさまよい続けるかもしれないのだ。もし人類の文化的・技術的発展を問題にするなら、この外部性ないし超越性にどのようなステータスを与えるかということが、さらには、誰がその外部性ないし超越性の代わりに語ることができるのか、ということが問題となるのは明らかである。幸福の予言者――おそらく不幸の予言者よりも数は少ないだろう――の言うことを聞かないすべはなく、その最初の予言者がハイエクであることは間違いない。

技術の自律に関して私が提示してきた楽観主義的でも本質主義的でもない分析は、もしそれをフォン・フェルスターの定理と関連づけるなら、宿命というものの範疇を脱神話化する助けとなる。つまり、マルクスがいう、疎外された人間の認識を取り囲む「神秘のヴエール」をはぎ取る助けとなるのだ。純粋なメカニズムは運命の効果を生み出しうる。科学技術の専門家たちは長い間この教えを信じてきたが、彼らは自律的な構築物を実現したいという願望に魅せられていたのだ。一九四八年にはすでに、オートマトン理論の創始者でコンピュータの発明者の一人であるジョン・フォン・ノイマンが、近い将来——と彼は考えていた——オートマトンの製造者が、複雑な自然現象を前にしたわれわれのように、自らが製造したものを前にお手上げの状態になるときがくるだろうと予言していた[*52]。自己の運動法則を自己自身からしか引き出せないオートマトンを製造するというほとんど神学的ともいえる陶酔。いかなる条件にも制約されない、自己を自己原因とするような存在を産み出そうとする強力な意志の極み。自己に似せて作った創造物が示す鏡のなかに没頭したい〔＝自己を見失ってしまいたい〕という欲望。これらこそ、最も著名な技術の推進者に至るまで、技術を神聖なる畏怖の対象に仕立てあげる強力な動機なのである[*53]。人工知能、ロボット工学、人工生命、遺伝的アルゴリズム、生物情報科学《バイオインフォマティクス》、ナノテクノロジーは、生物の世界と機械の世界、心の世界とメカニズムの世界を隔てる境界を、今日なお、われわれが人間の条件に意味を与えるのに役立っている境界をますます曖昧にしていくだろう。技術は絶えずさらに自律化することで、あたかも非人間的な運命——最終的に人間を自由と自律の重責から解放する運命——となる計画を進めているかのようだ。

5　係争中の破局論

「〔恐怖は〕見てくれは美しくない——美しくないんだ！——みんなから、あるときは蔑まれ、あるときは呪われ、見棄てられる……。だが、思いちがいをしてはならない。この娘〔＝恐怖〕はすべての臨終の床に侍って、人間のために取りなしをしてくれるのだ。」

ジョルジュ・ベルナノス『よろこび』(17)

「栄光の三〇年」〔＝一九四五—七五年の経済成長期〕——終末まで続くはずだと思われていた世界的な経済成長の時代——が終わりを迎えたとき、同時に、産業社会とその発展様式に対するラディカルな批判も終息した。イリイチやその他の論者の考えに向けられた興味の目は、今から見れば、愛想の域を抜けていなかったように思われる。それは、満たされた富めるブルジョワがためらうことなく金を払った踊り子や道化に向ける愛想の類い以上のものではなかったのだ。しかしながら、イリイチによる批判が特定の分野において顕著な成功を収めたことは、今日の若い世代の読者に喚起しておかなくてはなるまい。「コンヴィヴィアリティ」や「逆生産性」といった言葉は、日常言語のなかに入り、『エネルギーと公正』の著者がこれらの語に与えた意味で用いられた。自分が標的にされたと感じた、あるいは感じたに違いない専門職の人やテクノクラートたちにすらイリイチは影響力を持った。なるほど、イリイチの医療批判が持つ十全な価値を認識していたのは教育者であったし、交通に関するイリイチの議論の価値を十分に認識していたのは医者であった。しかし、失業が定着し、持続するなか、成長こそが唯一の薬になると思われたのである。成長の内実が問題になることは決してなかった。力を持っていたのはマクロ経済であり、最も根本的な問題は決して提起されることはなかった。成長とその公正な分配だけが唯一の関心事であったのだ。しかし、可能な限り大きなケーキを均等に分けようとすることが素晴らしいとしても、まずはそのケーキが毒入りかどうかを問うべきではないだろうか。

予防原則と破局論

もっとも、産業発展の様式に結びついた悪や脅威はもちろん消えることはなかった。そこで「予防原則」というものが生まれた。以後、時代を覆う大きな恐怖は「予防原則〔principe de précaution〕」という三語にすべて集約されるかのごとく、この三語は贖罪という儀礼の代わりに繰り返し口にされてきたのだ。本書は予防原則についての考察の書ではない。私は予防原則を定義するつもりもないし、ましてや、それを注釈したり、その哲学的な根拠を提案したりするつもりもない。また、それに代わる、より満足のいく別の原則を提起するつもりもない。おわかりになると思うが、「賢明な破局論」は原則としての資格を得ようなどとはまったく望んでいない。それは哲学的な態度であり、破局の時間性に基づいて、世界や時間に対する思考方法を形而上学的な次元でひっくり返すことを意味する。しかし、予防原則を具体化しようと試みるあらゆる人——そのような人は、経済学者、法学者、社会学者、政治学者などに多数いる——が行った研究が私には大いに参考になったことも事実である。彼らの研究は、要するに、それらがもたらした成果よりも、それが拒否したもののために、私にとって参考になった。お察しの通り、「破局論」という表現は、最初はポジティヴな意味を持っていなかった。それは予防の理論家たちが、彼らが否定する「絶対主義」の立場を侮蔑的に指したものだったのである。「相互確証破壊〔destruction mutuelle assurée〕」という表現——英語では *mutually assured destruction* であり、MADの略語が用いられている——は、核抑止の原則のなかに純粋な「狂気」を見た人々によって最初に用いられた。彼らはおそらく間違っていなかったが、注目すべきは、この原則の支持者たちがこのレッテルに立派なステータスを与え、すぐに自分たちのものとして借用したことである。私は同じことを「破局論」という語に対して行いたいと思う。

予防の理論家たちが手にした「破局論」という標的は、実際のところ攻撃しやすい。というのも、彼らによって標的にされたこの立場は現実離れしていて、矛盾を孕んでおり、要するに、擁護しがたいものとみなされたからだ。しかし、たとえあちこちで、政府高官に至るまで、「予防原則」の名の下にこの立場を弁護したり、援用したりすることがあっても、それはかたちだけのものでしかない。あらゆる破局論的立場がどうしても似たような批判にさらされるというのなら、そのことのほうが、より説得力を持つといえよう。私の研究の目的は、それとは反対に、最も厳格な理性の要求にも応える一貫した破局論を構築することが可能であることを示すことにある。

予防の理論家たちの批判は三つの側面をもつリスクや脅威に対する態度に向けられている。まず、この態度は「ゼロリスク」を目標として定めている。そして、「最悪のシナリオ」を見据えている。さらに、この立場は「立証責任の転換」[18]——つまり、開発者が新製品の無害を証明するのであって、製品の犠牲者がその有害性を証明するわけではない——を課している。だが、「ゼロリスク」は実現不可能で身動きをとれなくするような理想である。また、われわれが科学「論争」の世界にいるとすれば、一義的に決定される最悪のシナリオというものはない。したがって、「最悪のシナリオ」という概念は脆いものである。さらに、われわれが不確定な世界にいるとすれば、無害であることは証明できない。あらゆる破局論的思考と一体であるこうした絶対主義的な考え方は、回避原則に、すなわち非行為の原則に行きつくしかありえない。以上が批判者側の結論である。[*54]
「ゼロリスク」が行為の足枷になる達成不可能な理想であることは認めなくてはならない。しかし、それは誤った論争でもある。コリンヌ・ルパージュは次のように書いている。「「ゼロリスクなどありえない」という常に唱えられるライトモチーフの裏には明らかな事実が隠されている。すなわち、予防原則だけが進歩について思考し、それを人に理解させられるのだが、その予防原則を真剣に適用することへの完全な拒否がそこには隠されているのだ」。[*55]予防原則への準拠を除いて、私はこの意見に賛同する。私が擁護する立場では、「リスク」――私なら破局というだろう――が可能性としてあるというだけでなく、未来におけるリスクの現実化は避けられないということだけがわれわれを倫理的思慮へと向かわせてくれるのだ。「最悪のシナリオ」は確かに曖昧な概念である。ある行為を起こすために、ある政策を決定するために、悲観主義《ペシミズム》はどこまで合理的にことを進められるだろうか。パリからセーヌ川上流数十キロのところに原子力発電所が設置されるのに、そこがセーヌのチェルノブイリとなる可能性を人は心配しただろうか。遺伝子組み換え植物の大規模な栽培が決定されれば、遺伝子が周囲にまき散らされ、抵抗種が発育・繁茂し、致命的な中毒によって生物の生息圏が消滅するかもしれない、というシナリオを想定すべきではないか。世界中の人工知能研究所やナノテクノロジーの研究センターで知能が高く意識をもったロボットが構想されているのなら、そのロボットがいつの日か、われわれを隷属状態におとしいれ、人間という種を絶滅させることすらありうると考えられただろうか。われわれが不確定な状態にあるとするならば、最悪の事態が確実なものとなると信じるべきではないだろうか。

私は批判する側が論理的な取り違えをしているのではないかと思う。微妙な問題なので、読者には特別の注意を払ってもらいたい。というのも、この点に関して十分に明晰でなければ、私が提起する解決策はおそらく理解されえないと思われるからだ。破局論は「ゼロリスク」を、すなわち損害がまったくない状態を目指すものだということを、批判する側は既成事実としてとらえている。私はすでにこの見方が誤っていることを示した。破局論は最悪のシナリオを想定し、存在しない損害である「最悪」が、すなわち、構造上これ以上悲惨なものとはなりえない現実が、いかなる損害も今後もたらさないことを確認しようとするのだと、批判する側は推論する。このような方法が「〔行為の〕棄権」を全体に広めることは認めよう。さらにいえば、パスカルが勧めたように[19]、自室に閉じこもって生活を送る人は、現在であればガス爆発で死んでしまうか、住居へ高速機が墜落して潰されてしまうリスクを抱えていることになる。しかしながら、最悪のシナリオを、未来において、起こりうるものや起こるべきものとしてではなく、ある行為を起こしたならば起こりうるもの、あるいは起こるべきものとして想定できるということを破局論の批判者はわかっていないように思われる。前者では、最悪のシナリオは予測の次元にあるのに対して、後者では、それは条件付きの仮説であり、この仮説は、あらゆる開かれた選択肢から、最悪の事態を受け入れ可能なものにする選択肢を選ぶよう熟考するなかで構想されるものである。別のいい方をすれば、最悪の事態を可能な限り損害の少ないものにする選択肢を選ばなくてはならない、ということになる――不確定な状況での決断の理論において、この手続きはミニマックス法〔minimax〕と呼ばれている。最大〔*maximum*〕の損害を最小〔*minimal*〕にすることが問題となるからだ。この点はまた後に触れることにしよう。ところで、「最悪を最小化する」――この粗野な表現をお許し願いたい――とは、最悪をゼロにすることではない。この論点は間違いなく哲学的精神の持ち主に、すでに言及したライプニッツの弁神論を連想させるはずだ。なぜ世界のなかに悪が存在するのか。なぜなら、この世界は可能な世界のなかで最良のものであるからだ。この答えは――良き精神の持ち主はそれを嘲笑った――完全に首尾一貫している。悪を最小化する世界は、悪をゼロにすることはない。最小悪と「ゼロ悪」とを取り違えることは、カテゴリーの混同をおかすことである。

「破局」の特異な時間性

しかし、私の手続きはまったく異なるものだ。コリンヌ・ルパージュは次のように述べている。「破壊が無意味に起こるため、人は最悪のシナリオに頼ることになる。この最悪のシナリオが起こりうるという可能性だけが、思考を行為へと導くことができるのであり、また、導かなくてはならないのである」[*56]。私はこの判断と意見を同じくする。破局というものは見失うことなく絶えず見据えていなくてはならないものだが、そのことをわれわれが認めたくないのは、破局が忌むべき宿命だからであり、この宿命をわれわれは問題にしなくてはならない。この点はリスク管理者にとってほとんど意味を持っていないのではないかと懸念される。彼らが予見しているのは、自分たちが処理するリスクの一つ一つを考えれば、未来がわれわれに巨大な悲劇を定めているなどとは考えにくい、ということである。気候変動、海洋汚染、核エネルギーや遺伝子工学が孕む危険、新しい感染症・風土病の突発。人類はこれらのリスクにうまく順応するか、適切な技術的解決法を見つけるだろう、と彼らは考えるのだ。破局というものが恐ろしいのは次の点にある。すなわち、われわれは破局が起こることを知るだけの道理があるにもかかわらず、そのことを信じられないのだ。だがそれだけではない。破局は一度起きてしまえば、まるでそれが事物の通常の秩序であるかのように見えてしまうのである。破局の現実そのものが、破局をありきたりのものにしてしまう。破局はそれが現実のものとなる前には、起こりうるものとは思われないのだ。このような破局は、他の形式のプロセスをとることなく――哲学者の隠語を使えば――世界の「存在論的動産」のなかに統合される。ドイツがフランスに宣戦したのを知ったベルクソンに倣い次のようにいうことができるだろう。「かくも怖るべき不慮の出来事が、これほど何の妨げもなく、現実のうちに登場しえようなどとは、誰が信じたであろうか。こうした単純さについての印象が、すべてを支配した」。世界貿易センターの崩壊から一カ月も経たないうちに、アメリカの要人たちは、正義と復讐への欲望が弱まらないよう、同国人のなかにあの甚大な出来事の記憶を蘇らせる必要があった。[*57] 二〇世紀という時代が示しているのは、嫌悪すべき最悪の行為が、特別な妨げもなく、人々が共有する意識によって導かれうるということだ。リスク管理者の合理的で責任ある冷静さは、耐えがたいものに甘んじるという人類の驚くべき能力から生じている。彼らの冷静さは、「リスク」を、それが存在している一般的なコンテクストから切り離して扱うという現実離れした態度の最も明らかなあらわれなのである。

現在時に適用される倫理的思慮の定義にとって大きな妨げとなっているのは、この破局の時間の自然発生的な形而上学である。それこそ、解決策を提示するためにこの形而上学に立脚しながら、私が示そうとしていることだ。繰り返すことになるが、毒は薬にもなる。「最悪のシナリオ」の問題に戻れば、私のとる手続きは、破局の可能性を検討することが破局が起こる、しかも必ず起こると考えることに等しいと想定して推論を行うことである。わずかな恐怖が突如として現実味を帯びたので、破局論にこの等式の使用が認められたのではなく、反対に、起こりうると考えられるものに対してこの等式を強制的に適用しなくてはならないのだ。[*58] 現在と未来の現実態[*59]のなかにしか可能なものはないのであり、この現実態はそれ自体が必然である。より正確にいえば、破局が起こる前には、破局は起こらないでいることができる。破局は、起こってしまえば、それまで絶えず必然的なものであったことになり、それゆえ、可能であった非‐破局〔破局が起こらないこと〕は、絶えず不可能だったことになるのである。私はここにベルクソンの形而上学の矛盾《パラドックス》を見るのだが、それはきわめて興味深い様態の反転を通じてである。ベルクソンの形而上学と同様に、私が提起する形而上学でも、「時間のなかを逆方向にはたらく」ことはできない。しかし、現実が生み出されるにつれ、自らすすんで過去に入り込むものは、『創造的進化』の著者がいうような可能態などではなく、不可能態なのである。戦争が始まる前のベルクソンにとって、戦争は「起こりそうにも、と同時に起こりえなさそうにも、思われた。それは、あの宿命的な日まで、執拗に続いた複雑で矛盾した観念であった」。破局の時間に適用される倫理的思慮の基盤として私が提起する形而上学は同じく複雑なものだが、それは矛盾していないことを示せると考えている。私の提起する形而上学は、破局後の時間に自己を投げ入れ、そこに必然的であると同時に起こりえない出来事を回顧的に見るのである。

破局論の合理性

このような思考は困難であり、この構造に従うことが本当に有益かどうか訝ることもできる。人類の未来に重くのしかかる脅威を前に驚愕することを大きく妨げているのは概念の次元での障害だというのが私の主張である。われわれは地球と自分自身とを破壊する手段を手に入れたにもかかわらず、思考方法は変えなかった。今日では、多くの人が民主主義的か否かを問わず、討議と決断の手続きを構想し、解決策を探求している。その解決策だけが、哲学（形而上学）がその誕生以来歯が立たなかった問題を解決できるかは疑わしい。提起されている問題が未来、時間、時間性の問題であることは誰もが感じている。破局はおそらく未来に位置づけられるが、未来とは現実なのだろうか。不幸の予言者は破局を予告するが、予測（予言）は可能性でしかないのか。そして、過去に対する未来の因果的影響がないとすれば、予測の客観性とは何なのか。予言、すなわち、未来に関する言葉があるとすれば、それは現実とは違うふうに行動する能力としての自由意志を禁じるのだろうか。現実化しないような可能性について何をいうことができるのだろうか。「もしこれをしていれば——実際にはあれをしたのだが——Xという破局は避けられたのに」というタイプの条件法の命題に基づいて蓋然性を定義する場合、蓋然性の様態と、可能性の様態を交差させることはできるのか。これらは哲学のなかで最も古い問題に数えられるものだが、われわれの時代に課される試練に対処するためには、これらの問題に答えることが絶対に不可欠なのである。哲学が無償の活動であると考える人は、哲学などなくても済ませられると信じている人々と同様に間違っている。「予防」の行為者が、「リスクのある状況では、無効とされていない仮説であれば、たとえはっきりと立証されていなくとも、一時的に有効だとみなされるべきである」[*60]と述べるとき、この表現は、明言されたほうがよいと思われる多くの哲学的前提を伴っている。私がこの例を取り上げるのは、この例が、その不正確な表現において、私が提示した形而上学的転回とそれほど遠くないからである。「受け入れがたい」リスクを扱ったドイツの哲学者ハンス・ヨナスは、同様の考えをさらに掘り下げたために、それよりもはるかに厳密であった。「つまり、われわれはデカルトの懐疑原理の逆を行かなければならない。デカルトによれば、疑えない真理を確立するために、われわれは、少しでも疑えるものについてはすべて、誤りが証明された事柄と同様の扱いをしなければならない。ここでは反対にそうなる可能性のある、疑えるものについては、一定の種類のものであれば、確実なものと見なして決断しなければならない。それは、一種のパスカルの賭けでもある[*61]〔……〕」。

「最悪のシナリオ」は行動にとっては嫌悪すべき指針であるという考えの誤りを暴くために、これまでの論の展開は欠かせないものであった。ではここで、破局論に向けられた第三の批判に目を向けよう。破局論は、あらゆる新規のものについて、立証責任の転換を課し、それが無害であることを証明するよう要求する。しかし、カール・ポパーの科学認識論が導き出した検証と反証の非対称性[(20)]によれば、そのような証明は不可能である。無害ではないことを証明するためには、有害であることの一例を提示するだけでよいのだが、反対に、無害であることを証明することは不可能なのだ。なぜなら、「ケース x あるいは状況 x がどのようなものであっても〔=どのようなケースあるいは状況であっても〕、検討された製品は有害ではない」という全称命題が真であるかどうかは、無限回のテストを繰り返して検討しなくてはならないからだ。

この第三の批判を斥けることは簡単である。この批判が拠りどころにしているのは論点先取、すなわち、立証責任の転換はリスクの完全な欠如が証明されるということを前提としている、という点だ。しかし、それは正確ではない。この場合、ポパーへの準拠は煙幕となり、大部分の応用科学で流通している確率論的推論に共通の、明晰で理解しやすい概念を見えなくしてしまっている。

統計学的思考の枠組みでは、たとえば「製品Xは有害である」という命題pが成り立つ証拠がないことが、非p（この場合、「製品Xは有害ではない」）を証明するのに十分であるというのは真ではない。このことは次のように簡潔に表現できる。

pの非証明 $\not\Rightarrow$ 非pの証明

ここでの記号$\not\Rightarrow$は「包含しない」を意味する。すなわち、pを証明できないという事実は、必ずしも非pが証明されることを包含しないのである。

コインを投げて裏か表かでことを決める際に、そのコインは歪んでいて表が出やすくなっているのではないか、という疑念を抱いていると想定してみよう。三回続けてコインを投げてみると、実際に三回とも表が出てしまった。もし実際にはコインは歪んでおらず、この結果が偶然の産物だとすれば、この結果が生じるアプリオリな確率は二分の一の三乗、つまり八分の一で、一二・五％ということになるだろう。通常、統計学において、五％を超える確率の場合、結果は偶然によるものだという仮説を棄却するのに十分ではない（偶然ではないかもしれないがわからないということ）。なぜ五％なのか、なぜ、たとえば四五％

や三三％では駄目なのか。この臨界値はおそらくいくらか恣意的なものだが、それは「立証責任」という概念をよく表している。コインが歪んでいることを証明するには、英語でいうところの「合理的な疑いを超えた〔beyond a reasonable doubt〕」確信へと至るように、つまり、いかなる合理的な疑いも斥けられるように、さらなる研究や実験の努力を行わなくてはならない。だがここでのコインのケースはそうではなく、コインが歪んでいることは証明されていないことになるだろう。だからといってコインが歪んでいないことが証明されたと結論づけるのは明らかな誤謬である。命題はその肯定も否定も証明されていない状況に置かれていることがあるのだ。[*62] だが現実には、ある製品の有害性が証明されていないとしかいえないのに、それが有害性を持たないと信じられている場合や、証明されたといわれている場合が数多く存在しているのである。

立証責任を転換するという考え方そのものが、話題となって表舞台にあらわれたということは、逆にいえば、かつては、新しい技術や商業活動の有害性が証明されていないことが、それらが有害ではないことを保証するのに十分だったということを示している。現在では、われわれは無害であることの証明を求めるようになっている。そのことに眉をひそめるべきだろうか。立証責任は誰に帰されるものなのだろうか。この問いに対する答えは、対象となる社会の状況と価値の論理に依存している。重罪訴訟において、無罪の人を罰してしまう誤審と、罪をおかした人を釈放してしまう誤審とでは、避けなくてはならないのは圧倒的に前者のほうだと考えられている。したがって、起訴では、あらゆる合理的な疑いを晴らして、被告が間違いなく罪をおかしていることを証明することが通常求められる。被告が自分の無罪を立証できなかったということが、彼が罪をおかしたことの証明にはなりえないのである。[*63]

同様に、潜在的に深刻な損害あるいは取り返しのつかない損害になる可能性がある場合、有害性の嫌疑をかけて間違うほうが、無害ではないかと信じて間違うよりも、良識に適っているのではないか。新製品が有害ではないことを証明するのは開発者だが、有害であるという証拠が無いことは、決して製品が無害であることを立証することにならない。しかし、イギリスの研究によれば、遺伝子工学の科学論文は、予防原則を適用しようとしているのに、上述したコインの誤謬を一貫しておかしている。[*64] 立証責任の転換は法外なものなのだろうか。そんなことはない。というのも、立証責任の転換は完全な無害が立証されることをまったく前提としないからだ。「合理的な疑いを超える」証明をすること、すなわち、反対の仮説〔有害かもしれないこと〕が示されている場合に、無害の仮説を裏づけると思われる試験結果が偶然であるということのアプリオリな確率を五%以下にすることは必要なタスクであり、その必要性は、あらゆる責任ある人が認識すべきである。研究・調査のための十分な資力がそれに割かれなくてはならない。その点については、誰もが容易に賛同してくれるだろう。それゆえ、立証責任の転換において前提とされる「破局論」のモデルには、きわめて合理的なものしか含まれていないのである。

ハンス・ヨナスの思想

私はすでに何度もハンス・ヨナスの著作『責任という原理』を引用してきた。一九七九年にドイツで刊行された同書は、予防（*Vorsorge*）概念の北欧諸国への普及に一役買った。フランスの予防の理論家たちは、すぐさま自分たちとヨナスの著作とは何の関係もないことをいうために、この本を参照しなくてはならないと感じた。この本は難解だが、それでも読まれなくてはならない。概して人は、この本のいくつかの箇所を、それもいつも同じ箇所を、まるで悪臭を追い払うために、引用しているに過ぎないのである。

ヨナスの思想は、それに対する批判を信じるなら、破局論の立場のなかでも極端で、日常生活に支障をきたすもののかたまりだといえる。このドイツの哲学者は不幸の予言者であり、そうなることを自ら望んでいる。彼の思想には隅々まで神学が刻み込まれている。ヨナスはわれわれに、われわれ自身の状況を解釈し、極度の責任を認めよというのだが、それは恐怖に駆られてのことである――彼自身はこのような解釈的態度を「恐れに基づく発見術」と名付けている。そして、ヨナスのラディカルな思想は、行為を起こせない麻痺状態にしか行きつかない。それは、全体主義的な規則を拠りどころとし、たくみに組織された麻痺状態である。

実際、『責任という原理』には次のような「戒律」が記述されている。「このように重大な帰結をもたらしかねない事柄については、望みよりも脅威のほうを重視せよ。〔……〕そして、たとえ終末論で約束された充足を取り逃がすことになっても、黙示録的な展望を避けよ」[*65]。このことは、より簡潔に「幸福の予言よりも、不幸の予言にこそ耳を傾けよ」[*66]と表現されている。ヨナスはまた、次のようにも明言している。「〔……〕ある深刻な次元にある事柄――黙示録的な惨禍を引き起す潜在性を備えた事柄――では、救済の予知より不幸な予知のほうを重視しなければならない。われわれの考察全体を貫く前提は、まさにそうした深刻な事柄の働きに、今日われわれは従事しており、今後も従事してゆくということだ。こうしたこと自体が、従来の人間の営みには存在しなかった新しい事態である」[*67]。この立場の正当性は証明可能だと思われるが、それは不安や恐れにおいてではなく、冷静な思考のあらゆる能力をもって証明可能なのだ。今日、ヨナスの戒律が示す意味において、破局論者であることは合理的なことである。破局論者であることを正当化する理由は複数ある。本書では、そのうちのいくつかを提示してみたい。

「恐れに基づく発見術」。それは嫌悪すべきプログラムだ、と批判者は反論する。いったい不安に駆られ、パニックに陥った状態で、どのようにして討議できるのか、思考することすらできないのではないか。カトリーヌ・ラレールは次のように述べている。「〔……〕〝不幸の予言〟は〔……〕あらゆる選択の可能性を排除する。〔……〕最悪のシナリオの選択はあらゆる民主主義的な討論を禁ずるのだ。というのも、切迫した破局の脅威の下では、人は討議することなどできないからだ」[*68]。私にはここに完全な誤解があると思われる。ヨナスの出発点はまったく正反対で、私の出発点もまたヨナスのそれと同じである。すなわち、破局の展望はわれわれを動揺させるどころか、われわれを完全な無関心にしてしまうのである。宣戦布告の前日までのベルクソンと同様に、われわれには破局は起こりえないことのように思われるのだ。ヨナスが何よりもまず一つの方法を推奨したのは、まさに、心理学よりもなお形而上学におけるこうした障害物を取り除くためであった。恐れに基づく発見術は、理性を放棄して、感情の流れに押し流されてしまうことではない。それは、シミュレーションされた想像上の恐怖が、われわれにとって比類のない価値を持つものを明らかにしてくれるすべである。

　そもそも、哲学における機械論的合理主義の雛形となった最初の近代哲学者が、まさに恐れに基づく発見術に立脚していることを忘れてしまっているのではないか。過去の思想とは完全に断絶したトマス・ホッブズは、万人が認める善という考え方の上に理想の国家を建国することを諦めた。人間が自らの手で戦争を起こし、お互い殺し合うのは、善を求める競合関係という考えにおいてであり、このことを理解するためには、ホッブズは自国の悲劇的な歴史の証人となるだけで十分だった。つまり、市民の平和を安定させるためには、彼らが共通に持っているもの——善の概念ではなく、悪に対する同一の不安——に頼らなくてはならない。それは、暴力的な死への恐怖である。このことを基に、われわれは一般的にホッブズをリベラリズムの父とみなすが、実際には、彼が自分の問題に与えた政治的な解決策は、最終的に国家の絶対的な権力を理性に基づいて基礎づけることであった。矛盾は誰の目にも明らかである。こうして、合理性と恐怖とは両立不可能なものではまったくないということが、近代哲学の黎明期に示されたのだ。ヨナスは真っ先にホッブズを参照しつつ、ホッブズと自分との差異を示した。われわれが先手を打ったとしても、防ぐことが出来なかったであろう破局の犠牲者となるのは、おそらくわれわれではなく、われわれの子供たち、あるいは甥や姪の孫息子たちなのである。ホッブズにおいては、明らかに誰もが自己保存を最優先している。ヨナスは次のように述べている。現在の状況において、「恐れなくてはならないものはまだ経験されていない〔……〕だから、想像上の害悪が、実際に経験される害悪の代わりをつとめなければならない〔……〕このイメージを未来に向けられた思考を通して獲得することが第一の義務となる」。これに続けてヨナスは以下のように述べる。「しかし、言うまでもないが、この想像上の害悪は、私にとっての害悪ではない。だからそれは、私が経験する害悪、私自身を脅かす害悪が、おのずから恐れを引き起こすような具合にはゆかない〔……〕したがって事態は、ホッブズが考えていたほどに単純ではない。すでにホッブズも、最高善への愛に代えて最大悪への恐れを、すなわち暴力的な死に対する恐れを道徳の出発点に据えている」[*69]。

ヨナスの思想には隅々まで神学が刻まれているのではないか。この批判は神学と形而上学の混同に基づいていると私には思われる。確かに両者とも、思弁的思考から枝分かれした二つの分野である。ヨナスが打ち立てようとしたのは世俗的な倫理学である。「われわれが今日所有し、持続的に獲得し続け行使し続けるようほとんど強要されている極端な能力を手なずけることができる倫理学は、科学的啓蒙を通してこのうえなく徹底的に破壊された聖なるものという範疇を復権することなしに可能だろうか」という問いを、イリイチ同様に提起したヨナスは、きっぱりと「実在しない宗教は、倫理学からその責務を取り除くことはできない」[*70]と結論している。しかし、神学とは、恐怖同様に、思考の敵なのだろうか。私はヨナスと共に、われわれは形而上学を免れることなどできないと主張した。形而上学同様、神学もまた合理的学問である。あるいは、そうでありうる。時代の風潮として、倫理的考察がその名に値するのは、宗教的なものの影響から免れているときだけということになっている。道徳的であるためには、無神論者でなくてはならないのだ。この立場の内容のなさには注釈など必要ない[*71]。

ヨナスの絶対主義的な考え方は非行為にしか帰着しえない。ヨナスは真っ先にこの根拠のない非難の欠点を暴いた。「本質的に責任の一部をなす恐れは、行為を禁止する恐れではなく、行為するよう勧める恐れである」[*72]とヨナスは『責任という原理』で述べている。実際、普遍的な妥当性を持つ命令や規範や規則というかたちで、個人の行為能力を規制し、それらを遵守することほど、人間の自由を公然と示す行為はない。個人が相互交流を行える自律した人間となるのは、この自己規制を通してである。そう考えることは、政治における全体主義に不可避的に陥ることになるのだろうか。もちろん事実はその反対である。新たな脅威に関する民主主義的な討論は、産業社会が互いに連携して自分たちに課すことになる規制についてますます話題にするだろう。さもなくば、おぞましいエコファシズムが地球全体に自らの法を課そうとするかもしれない。

ヨナスの著作に、ときおり憂慮すべき権威的な調子が含まれていることは確かである[*73]。しかしだからといって、私は『責任という原理』に対する過剰に批判的な読解を提案するつもりはない。また、ヨナスの作品のすべての側面を扱うつもりもない。とりわけ、彼の善の存在論に関するものはすべてここでは問題にしない。私は、自分の思考の進め方に合致するいくつかの点に関して、ヨナスと対話を行えればよいのである。私はヨナスのなかにきらめくような哲学的直観を見出し、必要とあらば、それを有効に運用しているのだ。あまりによく知られた事実だが、現代哲学は二つに引き裂かれている。今日では大部分が英語で書かれている論理哲学、いわゆる「分析」哲学と、とりわけドイツ語とフランス語で書かれた、現象学を引き継ぐ大陸の哲学である。自由精神の持ち主は、このような分裂など気にかけない。ヨナスは、七〇年以上にわたって続いた二〇世紀の哲学への自分の関与が、「重視すべき哲学潮流、わけても、分析哲学という有力な潮流に近づかなかった」[*74]ことを認めている。私の考えでは、ヨナスは自分に欠けていた知的道具を[*75]、まさに分析哲学が絶えず深く掘り続けた合理的神学・形而上学のなかから見つけることができたはずだ。現在の状況がわれわれに命じているのは、政治よりも倫理を優先することだけでなく、倫理よりも形而上学を優先することである、というヨナスの確信を私は共有している。「信仰は、だから、倫理に基礎を据えることができるかもしれない。しかし、信仰は注文に応じて調達できる代物ではない。〔……〕これに対して、形而上学は昔から理性の営みであったし、理性は必要に応じて動員されうる。〔……〕倫理学の建設をめざす世俗的哲学者は、カントに逆らって、合理的形而上学の可能性をまず認めなくてはならない[*76]」。西洋の形而上学の「脱構築」は、実際カントと共に始まったのだが、分析哲学が、カントであれデリダであれ、「脱構築的な」企てに怖じ気づいたことなど一度もないことはよく知られている！

最後に、ヨナスが私を魅了する最後の点が彼の名前であることを白状しよう。ヨナスという名は、彼よりも二〇世紀近く昔にいた不幸の預言者〔＝ヨナ〕と同じ名である。神秘思想に陥ることはないが、私はそこに驚くべき運命の目配せを見ずにはいられない。予防の理論家たちであれば、彼らを悩ませるあのヨナスを海に放り出したいと思うだろう。ちょうど、異国の船乗りたちが、ヨナスのはるか昔の祖先ヨナを海に放り出そうと決めたように。(21) 私は、あらゆるスケープゴートの模範となったこの第一のヨナが、私が提起する形而上学的転回の核心に触れるものであることをこれから示したい。

第Ⅱ部

経済的合理性の限界

6　予防――リスクと不確実性との間で

無差別にあらゆる種類の用心をすることが賢明なのではなく、有益なものを選び取り、余計なものは無視しておくことこそ賢明なのです。

ジャン＝ジャック・ルソー『新エロイーズ』(1)

かくして、途上には、避けて通ることができない「予防原則」の存在が認められることとなる。たとえこの原則がすでに、国際法やEU共同体法、フランス法などの条文に書き込まれていても、定義やそれに付随する注釈はしばしば滑稽な印象を与える。それというのも、存在自体が不確かなある物体を正確に描こうとしているからである。つまるところ、予防原則の存在理由とは、存在自体が不確かなリスクについて法制化することでしかないのではないだろうか。このことから良識ある人々のなかには、予防原則をそれ自体に適用するよう結論づける者もいる。[*1] ある程度有益だと思われるこの提案については、後に触れることにしよう。

倫理的思慮の現代的理論――いっそ現代の倫理的思慮の理論というべきか――の本質は、レナード・サヴェッジとジョン・フォン・ノイマンとが第二次世界大戦期に考案した合理的選択理論に要約されるものである。この枠組みにおいて、今日、世界中のリスク管理者たちは、思考し、計算し、推論し、あるいは重要なアポロ計画における科学的・産業的なプログラムの安全性について研究しているのである。さらには、遺伝子研究の発展に応じた新たな保険契約証書を開発しているのである。世界と同じぐらい古くからある、リスクの防止という概念は、完全にこの枠組みのなかに統合されるものである。事が起こってから対処するよりも予防したほうがよいというわけだ。合理的な意思決定論の別名に他ならない「コスト・ベネフィット分析」の手法によって、明確な事例において、その後の事態の推移がわかるようになる。この分析においては、予防にかかるコストと期待されるベネフィットとを比較することになる。このコストは一般的には十分わかっているものだが、ベネフィットについては、偶然の出来事を予防することが問題である以上、確率としてしか知ることができない。ときには、あまりにも不確かなので、不測の事態に確率を割り当てることが不可能になったり、あるいは恣意的になったりする（ただしここでいう確率とはあくまで観察可能な頻度を反映したものである）。数々の計算技術が用意され、次々と行使される。こうした技術のなかには、すでに見てきたものではあるが、最大の被害を最小限にするような選択肢を選ぶことを目的とする「ミニマックス（*minimax*）」のアプローチと、これから話題にしていく主観確率を用いるアプローチがある。

以下のような問題が執拗に気をもませることになる。環境や健康、食糧問題、産業活動にかかわる新たな「リスク」に適用されうる不確実な状況下で、決定を下すためにはもう一つ別の哲学が必要とされたと考えられるのはなぜか、そして防止（prévention）という概念を「予防（précaution）」という概念に重ね合わせる必要があると考えられていたのはなぜか、という問題である。不確実性の度合いと新たな脅威の規模とが、新たな道具を必要としているからだという応答では単純すぎるだろう。繰り返しになるが倫理的思慮（*phronēsis*）の現代的形式としての合理的な意思決定理論は、その原理においては、以前から普遍的な有効性を持つように作られたものである。そのうえ、興味深いことに、その新しい理論を独り占めにした経済学者たちは、その対象をすっかり古びてしまったお得意の方法論でもって扱っていることが確認されている。二〇〇〇年一月にフランス首相へ提出された予防原則に関する報告書も同様の問題を提起している。「予防・防止・倫理的思慮（précaution; prévention; prudence）の三者に一致点があれば、予防原則（principe de précaution）を、予防と防止をも包含する倫理的思慮のための原則（principe de prudence）で置き換え可能となるだろう」とフィリップ・クリルスキーとジュヌヴィエーヴ・ヴィネイは推測している。彼らも、一歩踏み出しているかのようだ。というのも、「倫理的思慮の枠組みに組み込まれると、予防原則は、〔これらの新しいリスクに対して〕防止を強化すべきであり、そして防止の手段のこれまでに見られない適用を行うべきだという社会要請を認めることになる」と二人は述べているからである。[*2]

予防の理論には、まだ改良すべき点が多く残されている。現状では、曖昧さ、矛盾、一貫性のなさといった無数の瑕疵がこの理論にはある。繰り返すことになるが、私のねらいは予防原則を救い出すことではない。むしろ興味深く思われるのは、この理論が、その提唱者たちが陥ってしまった緊張状態の結果、不具合を抱えるようになったという点である。彼らは一方で、新たな脅威――新しいがゆえに前例のない歩みを正当化することになる――にある、根源的に未曾有の何かを見極めようとしている。もう一方で、彼らは、分別と合理性という公準に忠実でありたいと考えており、その結果、彼らが古来身につけていた思考法へと不可避的に帰着してしまうのである。はっきりといっておこう。予防原則の理論は、「コスト・ベネフィット」という考え方を断ち切ることができていないのだ、と。

試みに、環境保護の強化に関する、バルニエ法と呼ばれる一九九五年二月法の第一条に謳われている予防原則について考察してみよう。(2)「重大なあるいは回復不能の損害が生じる恐れがある場合には、完全な科学的・技術的確証の欠如を理由に、環境破壊を防止するにふさわしい効果的なバランスのとれた措置をとることを遅らせるべきではない」。この条文は、経済計算のロジックと、決断する際の状況が根源的に変わってしまったという認識との間で引き裂かれている。一方では効率、通約性、合理的価格といったよく知られた安心感のある諸概念を置き、もう一方では、知識の不確実性、損害の大きさやその回復不能性に執着する。明らかに不確実な状況において、未知であるがゆえに重大であるとも回復不能であるともいえない損害に対してバランスのとれた（どのような要素において？）措置がいかなるものかをいうのは不可能だと主張するのは安易すぎるだろうか。同様に、防止のための十分なコストを見積もるのは安易すぎるだろうか。そして、このコストが「受け入れがたい」と明らかになったとき、経済性を優先すべきか、それとも破局の防止を優先すべきなのかを、はっきりと裁断することは安易すぎるだろうか。

予防論を唱える理論家たちには、あまねくこのような心持ちが欠けているのである。純粋経済学者や保険理論の専門家は、熟知している方法論を用いることにいかなる良心の呵責も感じていない。ここでは彼らの考え方につきあうことにしよう。というのも不確実な未来についての、決定理論に則った経済的なアプローチには、重要な考え方が含まれているからである。最終的にこうした考え方の欠点を指摘するにしても、その前にそれらをしかるべく評価することが必要なのだ。

不確実性と主観確率

すでに記したことだが、リスクの概念は、「偶然ゲーム（jeux de hasard）」という状況において、その十全な意味が見出される。そしてこの状況において、確率論や賭けの理論が磨き上げられたのである。仮に参加料が六〇フランで、裏が出たら二〇〇フランもらえ、表が出たら一〇〇フラン失うというコイントスゲームがあったとしたら、棄権するのが合理的だと思われる。この結論は、損得の金額にそれぞれの確率をかけることで簡単に導き出せる。この確率は出来事の起こる頻度において客観的に基礎づけられている。ここから類推して、ギャンブルとみなせるようなあらゆる決定にこの確率計算を拡張したいという気持ちに駆られるだろう。わたしは、株取引をやりながらギャンブルを行っている。というのも株式は大きなカジノに容易に同一視できる制度だからである。同様に、株がギャンブルと簡単には比較できないとはいえ、わたしはある銘柄に投資するというギャンブルを行っているともいえる。あるいは山登りのルートを決めるときに、そしてニューヨークにジャンボ機で乗りこむとき、わたしは賭けを行っている。また、パートナーを探すことは賭けである。またパスカル同様、われわれは神の実在を信じるかどうかの決断に関して賭けを行っているといえるのである。

一九二一年にフランク・ナイトとメイナード・ケインズが異議を唱えるまで、こうした考え方が、たとえば一度しか起こらない、あるいは起こる頻度を観察を通して知ることができない出来事に対して、すなわち客観的な確率を割り当てることが不可能――少なくとも困難――な場合に対して、不適切だとはまったくみなされなかったのである。ケインズ[*3]とナイト[*4]は、不確実だとみなされる二つの事柄に、リスクと不確実性という区別を導入したのである。不確実性が確率化されるときに（頻度を確定できる手段があるとき）、リスクがあるという。反対の場合、不確実性のなかにいるとされる。リスクに対して賭けの規則が適用できるように、不確実性に対していかなる行動原理が採られるのだろうか。ケインズやナイトの当時のテクストは非常に興味深いが、次に検証する理由によって本質的には死文になってしまっている。

たとえクリルスキーとヴィネイの報告書が望ましいほど明快かつ正確でなかったとしても、「明白な」リスクと「潜在的な」リスクとの区別は、部分的にではあれ、リスクと不確実性を区別しているように見える。「潜在的なリスクと明白なリスクの間の区別は、予防（précaution）と防止（prévention）という区別とパラレルなものである。予防は潜在的なリスクに関わり、防止は明白なリスクに関わるのである」[*5]。報告書によると潜在的なリスクとは、その発生が待機状態のものをいうのではなく――だから、「潜在的」という形容詞は適切ではない——「リスクのリスク」、すなわち推測の対象となるようなリスクのことなのだ。「潜在的なリスク」は(あらゆる偶然の場合同様)、発生しうる(もしくはしない)危険な出来事に対応しており、同時にその出来事の起こる確率を決めるのは不可能であるといえば、事態は一挙に明白になるだろう。したがって報告書が強調するように、防止が明白なリスクに対応し、予防が潜在的なリスクに対応するという理由で、予防と対応するのはまさに不確実性の場合に他ならないのである。

クリルスキーとヴィネイの報告書は、単純にその区別に留まるものではない。リスクのリスクという概念を導入したことで、報告書は次第に確率の確率という概念へと横滑りする。起こることが不確実な出来事に対してある確率を割り当てるという事態が、確率はあるが不明であるということに相当するかのように推論する。この不明な確率に対して、今度は、ある確率、あるいはむしろ確率分布というものを割り当てることが可能なのである。報告書の続きを読んでみよう。「諸々の確率といっても事情は様々に異なる。予防という観点からいえば、仮説の正確さの確率が問題になり、防止という観点からいえば、危険性は確立しているので、実際の事故の起こる確率が問題になるのである」[*6]。このとき、以下の定理が意味を帯びてくる。「原子力発電所Cに二〇年以内に$1-n$という確率で臨界事故が起こる、あるいはnという確率で何事も起こらない」という仮説の確率をeとする。

「このとき、この原発に事故が起こらないことが確実であるという仮説の確率に$1-e$を割り当てる」という命題は有意味である。

まず根本的に次のような区別をすることが決定的だ。すなわち、確率分布（防止の場合に相当する明白なリスク）がわかっている場合と、確率分布はわかっていないものの、この未知の確率分布（予防の場合に相当する「潜在的な」リスク）の確率分布は割り当てることができる場合とを区別すること、である。ところが、この区別は定式化されるやいなや煙のように霧消してしまうのである。

未知の確率分布を確率化しようとすることは、現代の合理的決定理論と主観確率（probabilités subjectives）を導入しようとすることと深く関連している。後者の試みは、一九四〇年代にアメリカの偉大な統計学者であるレナード・サヴェッジによって完成された。[*7] サヴェッジが課題としたのは、起こることが不確実な状況において合理的な行動を公理化することであった。彼が抽出した諸公理のうち、確実な基準に達しているものもあるように見える。たとえばある公理では、合理的な個人が〔期待効果が同じの〕くじAとくじBのどちらかを選ぶことに無差別である場合、AとBを五分五分に組み合わせた〔線形結合した〕新しいくじを作ったとして、この三つのくじのどれかを選ぶことにも同様に無差別であることが述べられている。[*8] サヴェッジが証明した基礎的な結果とは以下の通りである。

もし一人の個人がこれら公理に従うのであれば、彼の行動はまるで、効用関数と名付けられた損得についての関数と、確率として解釈できる数の集合を使って、利益を最大限にするような解であるかのように、つまり、問題になっている確率と共に計算される効用関数の数学的期待値を個人が最大限にするようになるのである。これらの確率を、サヴェッジは「主観確率」と名付け、自然の何らかの規則性とは一切対応していない、行為者に固有の選択の一貫性にのみ対応するものだとした。

主観確率を導入することによって、不確実性とリスク、リスクとリスクのリスク、あるいは予防と防止の区別が霧消してしまうことは、すぐわかる。確率がわからないときに、「主観的に」その確率に対して確率分布を割り当て、計算規則〔確率分布関数〕に従って確率計算をする。客観確率がただちにわかる場合と比較して、いかなる違いもなくなるのである。次の二つの命題に区別はなくなるのである。

a　Xが起こるという確率はeであるということを、ある確かな知識によって知っている（観察度数という客観値に基づいているから）。

b　Xが起こることは確実であるという仮説に対して主観確率eを割り当てる。

そしてこれは最終的に正しい計算によって$e \times 1 = 1 \times e$となるのである。情報の欠如による不確実性は、検討された出来事の偶然的な性質に由来する内在的な不確実性と同じ次元の問題となるのだ。ベイズ主義というものを確立することになるサヴェッジの勝利は、割に合わない勝利となる。すなわち予防の理論家たちが予防と防止との間に設けようとしている区別さえも犠牲にしてしまうことになる。この点が、普遍的であろうとする意思決定論の野心を完全に示している。繰り返すことになるが、リスク経済学者と保険の理論家は、予防と防止の間にいかなる本質的な違いも見ることはなく、また見ることもできない。彼らは予防を防止へと還元してしまうのだ。

とはいえ、サヴェッジの理論にも内在的な困難があった。それは哲学的批判とはことごとく関係ないが、相当修正を施さなければ理論自体が無効になるようなものであった。これらの修正を検討する前に、われわれが扱っている問題と関わる近年の成功例の一つを始末しておく必要があるだろう。

情報を与えられるのを待たずに行動すること

すでに予防原則 *Vorsorgeprinzip* というゲルマン語系の語源について触れたが、予防原則というフランス語にも英語 *Precautionary principle* という先行する概念がある。とくにケインズの著作に見られるが、この原則が生まれたのは、貯蓄の理論においてであった。この偉大な英国人経済学者は、経済主体は、未来を見据えつつ、未来からの観点に立って現在の行動を判断するため、自ら得た収入をただちに消費することはない、という事実の要因の一つとして「予備的動機」があると述べている。

ケインズ以来、貯蓄の理論は相当の進展を見せてきた。ごく最近では、フランスの経済学者のなかに、貯蓄理論をわれわれが扱っている問題に適用しようという動きが見られた。極端にテクニカルな手法に基づく彼らの仕事であるが、ここではそのパラドクサルな側面ゆえに絶妙な着想について触れてみたいと思う[*9]。

外的なリスクを抱えるある経済に、情報によってその後の推移が異なる二つのシナリオがあると想定しよう。シナリオAでは、脅威となるリスクについて経済主体が持っている情報の内容はその最初から変化がないものとする。シナリオBにおいては、時間の推移に応じて、様々な経済主体の下した選択とは無関係だと想定される知識の進歩の影響により、情報の質は向上していくものとする。このとき、問いは以下のようになる。すなわち、リスクの防止に向けて、多様な経済主体がより早く選ぶとしたらどちらのシナリオであろうか。それはシナリオAである、と誰しもが躊躇なく答えたくなる気持ちに駆られるであろう。実際、Bにおいて、後によりよい情報を得られるのであり、その結果、より正確な知識に基づいて、効率よくリスクを予見できるようになることを経済主体は知っているゆえに、むしろ待つことを選択する。

やや大ざっぱではあるものの、このモデルは、予防原則のパラドクサルな側面をよく表現できている。とくに、「今すぐ行動しなくてはならない場合、それは、知らなかったにもかかわらず、というだけでなく、いま現在知らないから、そして今後知ることがあるからこそ行動するのだ」というバルニエ法の定式において、真実の見事なパラドックスが表現されている。

先の経済学者たちの提唱したモデルは、この謎をエレガントに解決している。論証はわかりにくいので、私は以下のことを述べるにとどめる。Bの場合において、待つことが得策だと思わせる理由は、行動するために待つことがこの場合、不確実性を減少させることになるということと関係している。だが、別の効果が反対に作用することもある。すなわち待つことで不確実性が増すという事態である。Bの場合、補足的な情報を後に得られることは予想されるが、どのような情報であるかを予想できないことは明白である。この点は本質的であり、後の議論でもまた扱う。未来において知識の内容を予測することが不可能であるのは、現実に困難だからではなく、論理的に不可能だからだ。未来の知識を知ることができるのであれば、その知識は未来の知識ではなく、現在の知識に他ならないからだ。リスクをヘッジするためにとられる措置は、いま現在、所有していない情報に基づいている。事前に、すなわち件《くだん》の情報を取得する以前には、待つ決断をしたときの不確実性の度合いは、Aの場合よりもBの場合のほうが大きいということになる。

二つの効果が反対に作用し、結果は、強く作用したほうに応じてあらわれることになる。いずれにしても、知識は進歩するのだという見通しは、それがない場合よりも早く予防に向けて行動をさせることになり、その結果、諸条件が存在していることが証明される。

それでは問題になる諸条件とは何であろうか。次の二つのことがこの諸条件を特徴づけることになる。第一に、諸条件は、リスクと関わる経済主体の心理であり、その心理は効用関数によって評価される。第二に、諸条件は、数学的には非常にテクニカルなものであり、どのような通常言語でも表現できないということである。

これでは哲学者を満足させることはできまい。予防原則が倫理的な原則たろうとするのであれば、それを正当化する際の最後の審級として、個人の心理を持ち出すべきではないはずである。それは公のものとして描写することができないからである。倫理とは、好みの問題ではないゆえに、主体の心理的傾向はそこに反映されるものではない。カントが偏愛した残酷なこの倫理学を全力で実行しようとせず、主体がいずれにしても実行してしまうことを、倫理的命令が「汝すべし」という命令によって繰り返すだけで満足しているなら、倫理的命令に何らかの力を付与することはできない。規範的な経済学では根拠づけることができない、あるいは単純に模倣することができない、倫理の客観性、公共性、普遍性というものが存在するのである。規範的な経済学は、主体の好みを当てにすることを民主的だと信じているが、倫理を趣味の問題にしてしまうのだ。

不確実性回避と悪霊

効用に関するサヴェッジの理論は、複数のパラドックスのかたちをとりながら、無数の批判を呼び起こした。[*10] その批判の一つは、とくに洗練されており、本論も直接的な影響を被っているものである。それは、ナイト（一九二一年）の着想から想を得たエルスバーグのパラドックス（一九六一年）のことである。[*11]

二つの壺があるとしよう。壺Aには、黒い玉と白い玉がそれぞれ一〇個ずつ入っている。また壺Bには、白と黒の玉が合計二〇個入っているが、それぞれ何個入っているかはわからない。さて、これらの壺から玉を一つ取り出すのだが、プレイヤーは、二つのことをしなくてはならない。まず、どちらかの壺を選ぶこと、次いで、取り出される玉の色を当てることである。ナイトの区分を踏襲すれば、壺Bはプレイヤーをリスクではなく不確実性のなかへと投げ出すのだが、それでもサヴェッジ理論に則れば、プレイヤーは壺Bから玉を選ぶことになる。プレイヤーが一貫しているとすれば、実際には、壺Bから引く玉が黒か白かということに対して彼は主観確率を割り当てるだろう。その場合、事態は以下のどちらかである。もし主観確率が白黒ともに五〇％の確率でないとすれば、プレイヤーは壺Aよりも壺Bのほうを好み、より可能性が高いと思う色に賭けるはずである。もし主観確率が白黒どちらも五〇％だとすれば、どちらから引いても同じということになる。

しかしエルスバーグにとって明らかなことは、選ぶべき壺は、BではなくAのほうなのである。なぜなら壺Aにおいては客観的な確率がわかっているからである。当時、最も優秀とされる意思決定論の専門家に調査をした結果、彼の思いは確信に変わった。彼らのほとんどは、壺Aを選んだのである。これがエルスバーグのパラドックスである。

近年では、ギルボアとシュマイドラーという二人の経済学者がエルスバーグのパラドックスに基づき、われわれが今、考察した意思決定の場面において、サヴェッジ理論のほころびから壺Aが選択されてしまうことを主張したのである。[*12] その証明のために彼らは「不確実性回避[*13]（uncertainty aversion）」という要素を導入した。これは、主体は、不十分な情報に基づいて主観的に確率を割り当てるよりも、わかっている客観的な確率を好むというものである。この選択は、前項で検討してきたモデルにおいてもすでに明白であろう。サヴェッジの公理系がこの要素のために修正を余儀なくされるようなことはほぼないと思われるが、唯一、すでに触れた無差別の公理には影響があるだろう。[*14] そのことを確認するために、主体にとって同じような二つのくじがあるとしよう。それらのくじを、ある特定の確率で「ミックス」する。要するに、ある特定の重みで二つのくじの線形結合を作るのだ。すでに見てきたことであるが、サヴェッジの理論において、主体は、この新しくできあったくじと、その元となった二つのくじの違いに対して無差別的であると考える。これとは対照的に、ギルボアとシュマイドラーの公理系においては、新しくできたくじより最初の二つのくじのいずれかを選好することが厳しく禁じられている。くじを引く者は、他のどちらのくじよりも新しいくじを、わずかの違いではあるものの、選ぶことになるのである。では、いったいなぜこの変化が不確実性回避というものを反映しているのだろうか。確率が不完全にしか知られえないという不確実な二つの状況から出発し、次にそれらをある確率で「ミックス」することで、不確実な状態から遠ざかり、リスクという状態へと近づくのである。表面的にはさりげない軽微な公理系の変更ではあるが、これが決定理論の精神を根底から覆すことになる。

　修正された公理系が導く理論は実際には次のようなかたちをとる。まるで主体は一つの確率分布ではなく、確率分布族全体をアプリオリに作りだしているかのようにふるまう。主体に与えられる選択の可能性それぞれに対して、彼は期待できる儲けを最小化する確率分布を選択するのである。別のいい方をすれば、プレイヤーは彼の精神を揺さぶる悪霊に取り憑かれているかのようにふるまう。彼は決定を行おうとするたびに不幸な伴侶をあてにするのだが、そのために最初の確率に対する信念は最悪の方向に変わってしまう。予防原則の主張者たちが考えていたように、われわれはこの悪霊によって予防精神そのものを手中に収めているかのように見えるわけだ。

ここでエルスバーグが喚起した壺の問題に立ち戻ろう。プレイヤーは、まず主観的に、壺Bに関して確率分布全部の族を構成する。すなわち黒い玉が四五％入っている場合から、五五％入っている場合までを想定するのである。彼が黒に賭けようとするとただちに悪霊が、壺Bには黒い玉が四五％しかないと彼に信じ込ませようとする。彼は、それなら白に賭けようとする気持ちになるだろうが、悪霊も考えを変えて、壺Bには黒い玉が五五％入っていると彼に信じ込ませようとする。壺Bから取り出される玉に関してどちらの色に賭けようとも、主体は四五％の確率でしか勝つことを保証されていない。いずれにしても、彼にとって壺Aを選ぶほうがよいのである。この結論は、直観的にも理解できるものである。

この悦ばしい結論は、あるアドホックな心理的仮説を導入することによってしか得られないものである。これは不確実性回避という心理、すなわち客観的な確率が得られる状況を選択するという心理である。とはいえ、前項で紹介したモデルに関しても著しい進歩があることも付け加えておこう。そのおかげで仮説は明白で理解できるものとなり、議論の対象になるだけのものとなっている。

しかしながらこのモデルには一つ困る弱点がある。すなわち、最初の確率分布の全体の規模〔確率分布族の大きさ〕について、このモデルは、まったくといっていいほど言及しないのである。この本質的な要素の働きを決定するのは、他の要素に委ねられている。ところで、予防の精神は、予想されるあらゆる行為において、最悪のシナリオを想定するよう要求するが、そうだとすればこの精神にはつねに自由が保障されていなければならないし、また極端な破局論へ進むことがあってはならない。ハンス・ヨナスにしても、すでに見たことであるが、この点にはこだわっている。しかし、ここで述べた「極端さ」に対しては、この理論は沈黙を保っているのである。

哲学者の観点からいえば、この修正された理論が、目に見える輝きを発することはないものの、アリストテレス以来実践されている三段論法を覆そうとしていることは確かなことだと思われる。あるいはより正確にいえば、決定理論がこの三段論法から作り上げたのがこの修正理論なのだ。この三段論法は、主体はXを欲する、という大前提、方法xのおかげでXを得ることができると彼は信じている、という小前提、主体は合理的であれば方法xを採用する決断を下す（あるいはこの方法を採用することが彼にとって合理的である）、という結論で成り立っている。この実践的な三段論法の構造は、欲求と信念は決定に先立っており、決定とは無関係だということを前提にしている。対照的に、修正された理論は、この時間の流れを反転させる、あるいは無効にするようなフィードバックのループを導入することによって、（予想される）決定から、この場合は信念という決定の原因へと向かうのである。行動の哲学は、信念（と欲求）を行動の原因であり、理由でもあると考える。したがって、この理由が、原因同様、その原因と理由によって発生した事態の後に続きうるというように思い至らなければならない。

私は経済的思考が、防止にあらわれる倫理的思慮（prudence）という概念とは異なると考えられる「予防」という新たな対象の定義について、より深く思考できるかという点については疑念を持っているのである。

7　無知のヴェールと道徳的運

美と無限はヴェールなしで眺められたいものなのだ。

ヴィクトル・ユゴー『我が生活の追伸』

いくつかのパラドックスを切り抜けるために修正された決定理論は、ミニマックス（*minimax*）という名で知られる戦略を作り出すことになる。すなわち、最悪の損害を最小限に抑えるということである（あるいは、マキシミン（*maximin*）の場合も、原理は同じであって、最悪の場合の利益を最大化することである）。はじめは偶然ゲームのプレイヤーの行動を特徴づけるために考案されたものが、戦略にまで高められたのである。ギャンブラーは、悪い事態をつねに確信しているかのように振る舞うという意味で、どこまでも用心深い存在である（リスクに対する無限の嫌悪を抱いているともいえよう）[*15]。したがって、不確実性に対する嫌悪が、同じような戦略を正当化することになるのかを見ることは非常に興味深いことである。不十分な情報に基づく主観的な確率よりも客観的な確率を好むギャンブラーは、ミニマックスの戦略をとるどこまでも用心深いギャンブラーのように振る舞う。

繰り返し述べることになるが、この議論の領域は、主観性と人間の心理の領域となる。もし倫理的客観性の次元で何かを構築するのであれば、絶対にこの主観的な領域から立ち去らねばならない。[*16]

さて、現代の哲学には、あらゆる心理学の影響を免れたミニマックスの戦略を正当化する有名な事例がある。心理学の次元でこの事例をただちに打ち砕いた経済学者たちから繰り返し誤解されてきただけに、ここでの議論の文脈において、この事例を分析することは非常に興味深いことなのである。今後の展開は、ジョン・ロールズが『正義論』において、「無知のヴェール」[*17]と正しくも名付け、意図的に曖昧にされた文脈のなかで擁護した諸原則の選択を正当化する手つきに依拠することになる。ロールズの哲学はカント倫理学の義務論の枠組みに位置づけられる。その主な標的は、帰結主義であり、とくに、ほぼ二世紀の間、英語圏の哲学を支配することになった功利主義である。

ある社会の構成員が、社会秩序の根本的構造にかなう正義の原則について討議する場合を想定してみよう。民主主義社会のあらゆる討議に見られるように、個人は、階級や社会的ステータスの利益に左右され、集団的な価格交渉で有利な位置となるために術策を弄したり、権力を用いるにやぶさかではない。その個人が、社会的かつ歴史的な存在という条件付けと共に提示されるのであれば、全員一致に至るというのは不可能である。しかし、良きカント主義者としてのロールズは、このように動機づけされ、各人の特殊な事態が他律的に決定する場合、各人は自由で合理的な個人として行動するのではなく、低次元に所属する被造物として行動する。彼らの討議は、自然や社会的な偶然の事実に左右されるものであり、したがって、いかなる倫理的な価値も備えていないことになる。

さて、社会契約から、公正なる集団的行動を創造するためにロールズが想定した解は、カント的なものとはほど遠い。目的論的な秩序やこの世界の物事の利益による影響力が、倫理の領域に及ばないようにすることが問題になっているのではない。カントに従えば、可感的な世界におけるわれわれの自然の傾向から生じる汚れが道徳的次元を汚すには、ある行為の動機が、たとえ高貴なものであっても、行為から得られる快楽と幸福に関係がありさえすればよいのだ。ロールズの「無私」の概念は、この神聖さや絶対的な特徴を備えていないのである。

公正な諸条件下において、社会構成員の利益にかなうように議論を方向づけるための情報がない場合、人々は熟慮するだろうとロールズは想定する。つまりロールズは仮説的な初期状態というものを想定する。これは原初状態と呼ばれ、そのなかにおいて各人は社会における自身の立場、社会的地位、所属階級を知らないのである。また同様に、自身の知的・物理的な能力、あらゆる種類の性向、そして心理的な特性も知らないのである。この無知のヴェールに覆われている社会構成員は、平等な立場にあるため、自由で合理的な人格として判断する。とはいえ、彼らを突き動かす動機は、純粋に打算的なものである。

各構成員は、他者とまったく同様の立場にあるため、社会の基礎構造を統括することになる、正義の諸原理に対しては全員一致で同意することになる。したがって、全員一致は論理的必然であり、原初状態の諸条件から生じるものである。各人の利益や良き生活についての考え方などをどう対立させればいいのかという知識が欠けているために、各構成員は文字通り、唯一の人間として決定を下すことになる。親しみのある領域のことであるから、ロールズの読者である経済学者はそこから次のように結論を下すことになった。ロールズにおいては、古典的な決定の問題、すなわち確率を付与できない不確かな状況における孤立した個人の合理的な選択という問題が主題なのである、と。ときに不正確で曖昧な定式のせいでこうした解釈を誘発してきた『正義論』の著者には、この解釈が誤解であると告発する機会が何度かあった。というのも、ここで問題になっているのは、社会契約であって、「見えざる手」の類いのメカニズムではないのである。構成員は会話を交わし、お互いに対して責任を持つ。約束、合意、契約というものは、経済的人間（*homo oeconomicus*）の世界には完全に無縁な、倫理的かつ政治的調整装置であり、『正義論』の問題系においては主要な役割を果たす。したがって、ロールズのいう全員一致は、たどり着くべき行き先なのではない。というのも、孤立して互いに関係を持たない合理的個人は、同じ問題に直面するからである。これは合理的かつ自律的な存在に分有されている公正さが必然的にもたらす結果に対する合意を意味するのである。

ロールズがその著書で一貫して努めたのは、こうした条件下において、綿密に定式化された階層化された特殊な公正さの諸原理の総体に対して、構成員の合意が行われることを証明することであった。もっとも、ロールズはこのことが「最適の最適」だと証明しようとしたわけではなかった。ここで問題になっている概念構成も含まれているのであるが、明らかに異なる正義の概念構成のリストを前にして、社会構成員はこの公正としての概念構成を選択することを、彼は控えめに証明することで満足する。この概念構成と最も激しく競合するのは、功利主義とその様々な変形に基づく諸原理ということになろう。

ここでは、これらの諸原理について以下の点のみ扱うことにしよう。つまり、これら諸原理が原初状態において、現実世界で最も不利な立場にある者の観点から判断するように、社会構成員に要請する合理的な義務についてである。ロールズの正義の諸原理は、綿密に階級化されている多様な領域において最も恵まれていない者の立場が最大限に改善されるよう要求しているのである。

この点は多くの議論を呼ぶことになり、ロールズが社会構成員に対して「リスクに対する無限の嫌悪」を与えたことは強く批判された。内心では既知の土俵を見出したことに安心しつつ、人々はマキシミンとは不確実性下での決定理論と親和性の高い原理なのだと主張した。それに対して、社会構成員がこのように推論するのはなぜか、という反論がただちにわき起こる。つまり、いったいなぜ最も恵まれていない者の立場に全面的に身を置こうとするのか、と。ポーカーをやるギャンブラーは王になるチャンスがあったら、奴隷に身を落とすリスクをおかさないだろうか。

この解釈の誤りを理解するには、次のことを喚起しておけば十分である。社会構成員の心理はこのこととまったく関係がない。というのも彼らは自身についてまったく知らないからである。ロールズの議論は、事実、まったく異なる次元にあるのだ。構成員は孤立した決断者ではなく、公共空間において定義され全員一致で受け入れた諸原理に基づく契約を尊重するよう、互いに拘束し合っている存在である。契約は、つながりを生み出すと同時に、制約を尊重するよう求める。約束を守る能力を疑ってしまえば、誰であれ他者とつながろうとはしないだろう。約束が決定的で変更できないものであり、約束の対象が社会の基礎構造に関わることに他ならないだけにいっそうそうなのである。正義の二つの概念が競合し、一方の概念がある人々にとって受け入れがたい状況の出現を可能とし、それどころか出現を必要とさえしている一方で、もう一方の概念はこうした状態が起こりうる可能性を否定している。このとき、後者の正義概念こそが選ばれるべきなのである。無知のヴェールに覆われている社会構成員が、社会構成の特定の諸原理について、撤回できないほどに関わっていたのであるが、そのヴェールがはがされた場合を想像してみよう。それまで彼は社会のあり様に同意していたにもかかわらず、以降道徳的に許しがたいと思われるような状況にいることに気づくであろう。この構成員は解決するすべもなく許容しがたい道徳的なジレンマに陥ってしまったのだろう。あるいは決定的だと考えていた正義の諸原理に対する同意を否認することになるかもしれず、また、威厳という威厳を失いつつも彼が受け入れがたいと考えるものに適応していくかもしれない。このとき、彼の道徳的感情はどのようなものであろうか。この感情を描写するにふさわしいのが後悔という語である。これは「遅すぎた！」という感情を表す表現である。

　功利主義的な諸原理によって統治されている社会において、最も不利な立場にある人々は、超越した目的のための道具にされているとしか自己を措定できないことを証明するためにロールズは尽力してきた。こうした条件下で自尊心を保てる者はいまい。なぜなら、自尊心というものは不在の他者が自分に抱くであろう尊重心によって育まれるからである。反対に、ロールズが擁護する正義の概念は、彼によれば、最も恵まれていない構成員を、他者と同じ立場にある一人の完全な市民とするのだ。これだけでもロールズの正義概念が優れているといえるだろう。

道徳的運

この主張を正当化するのに、これ以上ロールズの議論を検討する必要はなかろう。ここで関心をひくのは、「最悪のシナリオ」に優先順位を与えるという意味での「破局論」的姿勢を、不確実性に対する特定の心理学よりも厳密で普遍的な基盤の上に作り上げる可能性であろう。なすべきことは、このような証明が、われわれが専念している事例、たとえば新しい脅威を前にしてとるべき哲学的態度表明から、得られるかどうかを検討することである。

そのためには、われわれの思考回路に支配的な新カント主義の文脈において、撞着的な用語、すなわち矛盾しているようにしか思えない「道徳的運」（英語では *moral luck*）という道徳的哲学概念を導入するのが有効である。この概念は、洗練さは問わないが確率論的判断と、道徳的判断（あるいは、単純化すれば、合理性の尺度で行う判断。ただし、その合理性は、経済学者によって極端に弱体化させられた概念ほどには簡略化しないという条件が付く）とを分かつ深淵がどれほど重要であるかを教えてくれるのである。

まず、エルスバーグの問題に出てきた壺Aのように、壺のなかには、黒い玉が三分の二、白い玉が三分の一入っているとしよう。ここでも引いた玉の色を当てることとする。もちろん黒に賭けるべきであろう。その次も黒に賭けるべきであろう。たとえ平均して三分の一の確率で間違えることが予想されても、常に黒に賭けるべきであろう。さて、白い玉が出てきて、はずれてしまったことがわかったとしよう。この発見に基づけば、回顧的に見たときには、賭けに対して行っていた合理的な判断は、変更を余儀なくさせられるのではないだろうか。もちろん答えはノーである。たとえ出てきたのが白であっても、黒を選ぶ理由があったのである。賭けの領域では、不確実性、あるいはリスクのある未来に対して行った過去の決定に対する合理性の判断については、後から手に入るような情報によって回顧的に見ることに意味はないのである。分析哲学の用語を用いれば以下のようになる。不測の出来事に対する確率論的判断の基盤には、事後的にしか得られないいかなる情報も含まれてはならないのである、と。この点においてこそ、確率論的判断の限界があり、道徳的判断においてはそれに相当するものは見あたらないのである。

アルコールのふるまわれたパーティーで、ある男がしたたかアルコールを飲んだとしよう。彼は、飲んでいることをわきまえた上で、車を運転して帰宅するという判断をする。雨が降り、道路はぬれていた。信号が赤になったので、男は乱暴にブレーキを踏んだが、やや遅すぎてしまったのか、車は停まったものの、歩道に乗り入れてしまう。ここから二つのシナリオが想定される。一つ目のシナリオは、歩道に人がいない場合である。男は起きたかもしれない事故の恐ろしさを味わうだけで済む。もう一つのシナリオは、子供を車でひき殺してしまった場合だ。この二つのケースにおいて、法のみならず、とくに道徳というものは、同じ判断を下すわけではないだろう。事故には他のバージョンも考えられる。すなわち、男がしらふで車を運転していた場合である。その場合、非難すべき点はまったくない。とはいえ、男がひき殺してしまった子供がいる場合とそうでない場合がある。ここでもまた、男の下す判断に対して予測不可能な結果が遡及的に影響を及ぼすのである。

次に、イギリス人哲学者バーナード・ウィリアムズにちなむ事例を、相当単純化して紹介しよう。[*18] ある画家がいる。便宜的に彼のことを「ゴーギャン」と呼ぼう。彼は妻と子を捨てて、彼にチャンスを与えてくれるだろう新たな生活を送るためにタヒチに旅立ち、彼が切望してやまない絵画の天才になろうと決心する。果たして彼がこのように振る舞うのは正しいのだろうか。彼の振る舞いは道徳的だろうか。ウィリアムズは格別の感受性と繊細さとでもって、次のように主張する。彼の行動を正当化できるのだとすれば、それは遡及的なものでしかありえないだろう、と。彼の企ての成功もしくは失敗だけが、私たちの判断——そして彼の判断——を下すための材料となる。さて、ゴーギャンが天才画家になるかならないかという事実は部分的にはチャンスの問題である。すなわち、望んでいたものになれるというチャンスの問題である。ゴーギャンは、難しい決断をしたのであるが、未来が彼にもたらしてくれることを知ることはできない。彼は賭けに出た、といってしまうのはあきれるほど短絡的な考え方である。「道徳的運」という概念は、そのパラドクサルな側面において、不確実な状況での決断で賭けられているものを描写するために欠けていた要素を補うことになるのだ。

今日、民事的責任を問う法律に対しては、刑事責任を問う法律同様に、強いプレッシャーがかかっている。新しい脅威にさらされている場合、これらの脅威は法の不遡及の原則とまったく相容れないからである。フランス民法の第二条には「法は未来にのみ関わる。法に遡及的な効力はない」と明示されているのである。「開発リスク」と呼ばれるもの——ある製品には、「ある時間差を経てのみ知ることができ、製品や製造者に対する責任は、その製品が流通し、使用され、消費された状況とはまったく別の科学的見地においてのみ問われるような、あらかじめ発見、予測できないような欠陥」が備わっているというリスク——について論じるフランソワ・エヴァルドは、責任を問う法律を覆すような変容が起こりつつあることを悲劇的な語調で述べている。それはまるで、ベートーベンの交響曲第五番で、扉をたたく運命のテーマがライトモチーフとしてよみがえってくるかのようである。

民事責任の古典的な原則は、フランス民法典の第一三八二条に記されている。それによると、過ちを導いた責任については、知ることができたことに対してのみ責任を負うことができ、悪事をおかす意図がなかった場合、責任を負う立場にはなれない、と民法は想定しているのである。知っているに違いないこと、知っていたに違いないことのために、人は裁かれ、そして罰せられてきたのである。そしてその知識については、必然的にある特定の状態の科学と知識において定義されることになる。開発リスクという仮説によって提起される問題は時間において生じる、法の一種の葛藤を処理しなくてはならないという点で新しいものといえる。意識と関わりある要素のみを考慮して裁くのとは別のやり方で、公正を期して裁くことなどできるのだろうか。意識下で実行したのとは異なるある意識の状態を考慮して裁くことに不公正な点はないだろうか。補償を目的としているからといって、事後的にしか述べることができない疑いや懸念に基づいて行為を判断することは公正なことなのだろうか。

いえることは、開発リスクを考慮することで、われわれは宿命の姿を再発見するのであるが、古代では、宿命は神々にしか差し向けられなかったのに対して、われわれにとっては、以後、常にそして必然的に宿命は人間の姿と結びついているという違いがある。この時代における悲劇的な出来事は、技術の世界に属している。すなわち、意識と物事の変容に応じて、消費者は、いわば遡及的に明らかになった情報のなかから、彼を襲う害悪というものを発見するだろう。「それは私が信じていたことではない。わたしが期待していたことでもない。人が私にいったり、約束していたこととも異なっている」。彼の信頼は失望に変わり、絶望することになる。一方で、経営者は、望んでもいず、望むべくもないことのために訴追されるのみならず、彼が全力で回避しようとしていたとしても訴追されるのである。「私がそれを行ったのではない。そんなことは望んでいなかった。望むべくもないことだ」と彼はいうだろう。知ることと可能なこととの関係の新たな状況と、その状況がもたらす責任の諸問題とに応じてのみ、そしてわれわれの社会が、悲劇的なことに対する新しい意識において新しい種類のリスクに対して脆弱であることを意識することからのみ、問題は提起されるのである[*19]。

これでわれわれは、無知のヴェールと道徳的運の分析を連結させるためのすべての要素を手に入れたことになる。まったく異なる規模であるが、バーナード・ウィリアムズのゴーギャンのごとく、集団的主体として把握された人類は、潜在的な可能性を開発する道を選択したが、そのせいで人類は道徳的運に身を委ねることになった。その選択によって、覆すことのできない破局が入り込む余地を与えたといえるだろう。人類はその破局を回避し、迂回し、乗り越える方法を見出すことはできるだろう。しかし誰も未来をいい当てることはできないのである。判断は、遡及的でしかありえない。それにしても、ロールズの問題系に見ることができるが、判断そのものではなく、ヴェールがはがされたときに知ることに基づいてしか判断はされえないということは予想できる。したがって、われわれの子孫に決して「遅すぎた！」といわせないようにすることが、いまだ求められている。この「遅すぎた」というのは、人間という名に値するいかなる人間的生も可能でなくなってしまう状況に子孫が陥ることを意味するだろう。「われわれはいまや、われわれよりずっと先に起こるだろうことに対する恐ろしい無関心に蝕まれている。それに対する先取りの後悔のほうがましであるのに」とハンス・ヨナスは書いた[*20]。したがって、判断を遡及的に先取りすることこそが、破局論的態度を基礎づけ、正当化するのである[*21]。

8　知ることと信じることは同じではない

わたしはあの目まぐるしく変化する国の出だが、そこでは、くじが現実の主要な部分を形づくっている。
ホルヘ・ルイス・ボルヘス「バビロニアのくじ(4)」

予防という新しい対象を合理化するために自身の知的手段を巧妙にも最大限に活用する労を惜しまない経済学者や保険の専門家だけが予防原則の理論家であるわけではない。ほかの数多くの理論家も、環境や衛生、世界平和を脅かす脅威に固有の不確実性についての特異性や新しさについて問いを立てている。あまりに独特であるこの不確実性は、たとえ問題を限定するに過ぎなくとも、新しい知的手段やこれまでにない合理性の概念によってのみ扱うことができると誰もが考えている。不確かであることが煽りたてる不安は誰にも公平に分け与えられるべきだとする討議なり協議なり議論の手続きを想像する必要がある。というのも、天はいつ頭上に落ちてくるかもしれず、そのとき、人々は助け合うべきであり、責任ある立場の者は少なくとも真実を市民に告げるぐらいはすべきだからだ。

リスクの理論家と社会的・政治的文脈から決定の手続きを切り離すことを拒否する研究者との間で交わされたこの議論では、新しい脅威に固有な不確実性の前代未聞の特徴が目立たないために、前者の優位が決定的となった。なぜ古き良き方法を変化させないといけないのか。構築的な方法によってこそ、応用科学や技術は、不測の事態と関わることになるのである。たとえば保護ケーブルの直径を計算するエンジニア、新しい薬を処方する医者、重篤な大惨事を起こすリスクのある原子炉に対してより確かな安全を確保するためにテストを行う原子力発電所の所長、国防のためにミサイル防衛システムの構築を決定し、世界平和を危険にさらす国家元首。彼らは、意識するしないにかかわらず、賛否を秤にかけ、成算を見積もるという「コスト・ベネフィット計算」を行っているのだ。温室効果、狂牛病、産業事故において別様に処理することを正当化する要素はあるのだろうか。

知識と不確実性

すでにこの答えになるような諸要素には触れてきている。新しい脅威の場合、不確実性というのは、たいてい不測の事態よりも、科学の相対的な能力不足が原因である。不確実なことは対象ではなく、知る主体にある。不確実性は客観的なものではなく、認識に関わる主観的なものなのだ。これは確かなことだろうか。この解釈には、安心をもたらすという利点がある。つまり、研究を継続する義務を「予防の政治学」が不可避的にもたらすことを確信できるのである。まるで、知っていることと知るべきこととの間にある距離が、知る主体の努力によって埋められるかのように。

残念ながらそんなことはまったくない。そしてここでもやはりハンス・ヨナスが、われわれが陥っている悲劇的状況を最もみごとに表現しているのである。

こうした状況のもとでは、知ることが差し迫った義務となる。これまで知の役割として要求されたものをはるかに超えるほど、大きな義務となる。知はわれわれの行為が持つ因果的な波及効果と同じ大きさでなければならない。だが、同じ大きさになりえないというのが事実である。つまり、予測する知は、われわれの行為に力を与えている技術的な知には及ばない。このことは、それ自体、倫理的な意味を持つ。予知能力と行為の力との間の溝は、新たな倫理的な問題を生み出す。無知の承認は、知の義務の裏側であり、倫理学の一部である。この倫理学は、われわれの過度の力を自ら監視することがますます必要となっていることを教えなければならない。[*22]

ヨナスの主張が力強いのは、彼が問いを即座に倫理の次元に据えているからである。われわれの行為は臨界値を超え、知の不可能性に行き当たった知がいまやわれわれに課されているのである。この状況は、したがって、義務（devoir）は可能性（pouvoir）を意味するというメタ倫理学の原理を蹂躙することになる。つまり一般的にはできないことを行う義務というものはないのだが、たとえ知ることができないとしても、われわれは知らなければならないのである。

「必要な知識は、必然的に、その時代にはまだ獲得されていない知識であることになる。その必要な知識はそもそも絶対に予知としては扱えない。せいぜい後から振り返って用立てることができるだけである」とヨナスは述べる。[*23] 世界を脅かす大きなシステムの客観性のなかに、ヨナスのいう必然的な無知を据えようという多くの議論が発展しえた。以下ではその議論を三種類に分けて論じることにする。

　第一の議論は、エコシステムの複雑性に関係したものである。[*24] 複雑性のおかげでエコシステムは優れた安定性を発揮し、それに劣らない驚異的な回復能力を備えるに至った。エコシステムは、あらゆる攻撃に対しても、安定性を維持するために適応する方法を見出すことができる。しかし、それが可能なのも、ある点までである。臨界値を超えてしまうと、エコシステムは突然、物質の状態が変化するように、別の様相を呈し、完全に瓦解することもあり、あるいは人間にとって決して望ましいわけではない特性を持つ別のシステムへと変容することもある。数学的には、この断絶を破局と呼ぶ。突然、回復能力がなくなってしまうということは、警告のシグナルが発されるのはいつだって手遅れになってからであるというエコシステムの特性をあらわにする。システム開発者がこのような特性を自分で作ったシステムに組み込みでもしたらただちに職場を追われることになるだろう。臨界値にはまだほど遠いので、何の被害もなくわれわれはエコシステムと戯れることができる。このときコスト・ベネフィットに基づく計算は無意味なものとなるか、あるいは前もって結論がわかってしまうことになる。というのも、バランスシートでコストを計上する欄には記入するものがないように見えるからである。こうして人類は環境開発の様態がもたらす衝撃について、何世紀にもわたって、気にしないでいることができた。臨界値に近づいているときに、コスト・ベネフィット計算はばかげたものとなろう。唯一意味があるのは、臨界値を決して超えてはならないということである。無意味であるとか、ばかげているというのは、われわれの知識が一時的に不十分だからではなく、エコシステムの客観的かつ構造的な特性に由来するからで、経済学的な計算はほんのわずかな救いにしかならないからである。それに加えて、われわれは臨界値がどこにあるのかも知らないのである。

第二の議論は、人間によって作り出されたシステム、すなわちエコシステムと合同してハイブリッドなシステムを構成することになる技術システムに関わる。産業開発がこの点に関して提示する大いなる問いの一つに、自然を人工物によって際限なく代替できるのか、[25] あるいはイリイチの問題系に立ち戻って、自律的な生産を他律的な生産によって代替できるのかというものがある。技術システムの特性はエコシステムのそれとはまったく異なっている。その結果、技術システムでは正のフィードバックのループが重要なのである。私は、技術の進化とフォン・フェルスターの定理を扱う際に、長い時間をかけてこの点を分析した。システムの最初の段階の小さな変動は、増幅させられ、完全に偶発的で、ひょっとしたら破局をもたらすかもしれないものの、内部では宿命に従っているような方向性をシステムに与えることになる。システムのこの力学ないし時間性は、当然のことながら予見とは相容れないものである。またこのとき、知識の欠如は、変化するかもしれない状態よりも、構造的な特性に帰因するのである。非予見性は原理となる。

非予見性については、すでに扱ったが、ヨナスが、「将来なされる発明をあらかじめ予言するのは、すなわちそれをあらかじめ見越しておくのは不可能である[26]」という特徴について述べたときに表明した三番目の理由――この場合は理由というよりも論理的必然――からも原理であるといえる。未来の知を先取りして知ることはその知を未来ではなく現在のものとすることであり、未来においてあるべき場所から追い出してしまうために、未来の知識に依存する物事の状態を予見することは不可能なのである。

議論を要約しよう。予防は防止という概念から区別されるために、偶然を確率化できる不確実性（これに「防止」が呼応する）と知識の欠如による不確実性（これに「予防」が呼応する）との違いを際だたせようとするのである。前者においては、不確実性は客観的である。後者においては、それは主観的である。主観確率に支えられている、不確実な状況における決定理論は、客観や主観という二つの階層を押しつぶす。偶然や、それに基づく仮説にも割り当てられる確率というものは、外界の現実ではなく、決定する主体の一貫性を意味するという点で、あらゆるものは主観的なのだ。予防原則の理論家はこの主題に関する純粋経済学者の過剰な支配から身を守らないとならないのだ。ところで、私がここで紹介した分析もこの二つの不確実性の隔たりを埋めようとするものであるが、それはまったく反対の理由による。

偶然に起こるとみなされる出来事に関する不確実性——自動車事故を考えてみよう——は、客観的な不確実性であるが、確率を使えばそれを測ることができるとみなされるのはなぜであろうか。一方で、この不確実性は認識的なものであり、主観的であるとも主張できる。偶然やチャンスという語を私たちの言語に供給したのは、さいころの一擲である。ところで、さいころの一擲は、物理現象であり、その現象に今日、初期条件に左右されやすい、ということは予見不可能な——いまや認められた用語体系において「決定論カオス」といわれる――必ずしも安定しているとはいえない決定論的なシステムを見出すことができる物理的現象である。しかし、ラプラス[5]がその存在を措定する必要性を認めなかった神は、さいころの出目を予見することができるだろう。したがって、われわれにとって――数学者である神にとってはそうではない――不確実なことが不確実とされるのはわれわれの側に情報が欠如しているということによってのみだといえないだろうか。したがって、この不確実性もまた認識的かつ主観的なものだといえないだろうか。

当然のことながら、このことは別の結論を導く。偶然が予見不可能であるのは、より入念な調査によって埋められうるような知識の欠如のせいではない。有限な存在であるわれわれには決して先取りできない未来を予見できるのは、唯一、無限の計算機のみだからである。むろんそれは、われわれの有限性と自らの知識の状態とは同次元に置かれるべきものではない。有限性は人間的条件として超越できない所与である。一方、知識は偶然に左右され、その状態は折々で異なるものである。つまり、客観的不確実性を扱うかのごとく、われわれにとっての偶然の不確実性を扱う根拠を得たことになる。もっとも、この不確実性は無限の観察者の目には映らないこともありうる。さて、新しい脅威に関するわれわれの状況はまったく異ならない。偽りをいわないためにも、バルニエ法のように、「その当時の科学的技術的知識を考慮した上での確実性の欠如」に予防原則の実現の根拠を見出すのは、ナイーブであろう。私が偽りという言葉を使うのは、科学研究の努力によって、問題になっている不確実性――まったく偶然にあるとされる――が乗り越えられることが暗にほのめかされているからである。[*27]私が紹介した三つの議論が示しているのは、知識の不全がここでは、偶然の出来事を予見することを妨げる不全に比較して同等に構造的である――むしろより構造的なものだといえるだろう――ということである。というのも、技術的なシステムの発展の事例同様、人間活動がエコシステムに影響を及ぼすとき、確率や統計的計算を利用することは、観察可能な頻度への参照がまったく欠如しているため、客観的な基盤を失うことになるからだ。客観的な不確実性からは、確率は主観的な、したがって恣意的な表現法しか提示しない。予防の理論は、一方で確率化できる偶然と、もう一方では認識的な不確実性との間の乖離を際立たせる。一方に従属していないものは、もう一方に従属し、その逆もまた同じである。しかし、ここでわれわれが遭遇している不確実性という怪物は、認識的でもなく（それは知る主体の頭にあるものではない）、確率化できるものでもないのだ（客観的ではあるものの、統計的に還元できるものではない）。

われわれが変容させ、われわれを変容させる、自然あるいは技術的なシステムに巻き込まれていることを考慮すると――これはフォン・フェルスターの定理が描いた状況であり、彼はそこから結論を引き出した――知らないということは、知ることができないことによる。認識的でもなく確率化もできない、この不確実性を管理するのは難しいのだ。リスク管理の手法はこのような場合を想定してはいなかった。リスク管理者は、不確実性がもたらすリスクを、埋め合わせたり、保険で保障することをできかねているのである。思考の道具同様、予防原則はとくに、何の救いにもならないようだ。前にほのめかされていたように、予防原則を予防原則に適用しさえすれば、自ら無効であることがわかるだろう。ここではこの遊びにこれ以上、付き合うつもりはない。穏健な変奏版まで無効にしてしまう前述の予防原則を、破局論的に思考することに反対してきた合理的な予防原則論者に付き合うのはここまでだ。原則を原則自身に適用することとは、まず、その適用の条件が満たされているかどうかを問うことである。ここで、興味深いパラドックスが生じる。というのも、条件が満たされているとき、すなわち、とくに取り返しのつかない甚大な被害が起きることが不確かなときには、条件が満たされているかどうかを知ることができないのである。疑っているとき、疑っていることを知っていると人はいうだろう。確かにそうであるが、このとき疑いは認識的なものである。さて、われわれが関心を寄せている諸事例における不確実性は、われわれと対象とをつなぐ構造的な関係の内部にあるということを私は論証してきた。不確かなとき、われわれは自身が不確実性のなかにいることがわかっていない可能性は、十分にあるのだ。ある危険が客観的に不確かだという理由で存在しないことを、科学者の共同体が誤って確信してしまう事例は珍しいことではない。確実な世界で自身を誤って信じ込んでいる学者たちは、確実な世界で自身を信じ込んでいること自体が誤っていることを自覚していないのである。[28]

不確実性の度合いが強すぎて、不確かであるかどうかも不確かであるこうした事例において、予防原則を適用するための条件が満たされているかどうかを知るすべはない。証拠の役割を予防原則が転覆してもよいということになったとしても、不確実性に関する決定不可能性は、予防原則にとってきわめて厄介なものとなる。製品の発明者は、予防原則の名の下に、あらゆる合理的疑いのはるか先まで、自らの製品の無害であることの証明を義務づけられているが、そのとき、彼はまず最初に、予防原則は特例において〔つまり自分自身に〕適用されることを証明しなくてはならないという点を――これはまさに不可能なことである――つねに強調するだろう。

予防原則をそれ自身に適用することは、その適用によって生じうる最悪のシナリオを選択することである。その「破局論的」なバージョンにおいて、とくに考案された予防とは、実際にはそれ自身リスク含みの活動なのである。それまでのものより危険性が少ないが、ひょっとして危険であるかもしれない新製品の導入に、予防という名目で、反対することができるのである。予防が「ゼロリスク」を目指そうとしているのなら、そこに到達することは決してなく、他の場所でよりよく使えるはずの貴重な資源をこのために使い果たしてしまうだろう。たとえば、潜在的なリスクゆえに、数多くの命を救うことができたかもしれないワクチンの使用を、予防という名目で禁止することになる、など。こうした万一の事態で最悪の場合を想定してみよう。予防する際に予防原則を用いないという結論がおそらく引き出されよう。ヨナスに立ち返るドイツ人哲学者ディーター・ビルンバッハーは、この推論から次のような適切な結論を引き出す。「不確実性の敷居を越えたところでは、未知の不便を未知の利益に対峙させて秤にかけるやり方にもはや意味はないだろう。厳密な意味でのリスクが存在している状況では、悪しき相談者でしかない恐れに基づく発見術が効力を発揮するようになる地点に到達するのである[*29]」。

私はこれ以上、何人かの推進者たちによる予防原則を葬る手続きについて声高に語るつもりはない[*30]。この議論では一点だけ確かなことがある。それは、予防と防止との区別はたいしたことではないということである。それでも私の最初の疑問は、かつてなく悩ましい問題としてなおも有効である。予防原則について書かれた膨大な資料に答えを見つけることができなかったために、この疑問に回帰することになったのである[*31]。その疑問とは以下のようなものである。使い慣れた道具しか使わないでいると新しい脅威を前にした状況を思考できなくなると、ある日気づくのは、いったいどのような動機によるのだろうか。

まったく隠されているものでなく誰の目にも見えているはずの、ポーの隠された手紙がそうであったように――手紙はマントルピースの上の紙差しに入っていた――、どのようなものでも突如見えるようになるためには、長い時間をかけて何千ページも読み、また読み返さなくてはならない。つまり不確実性という問題は関係がないのだ。問題になっているのは、知識の欠如ではない。

このことを即座に理解できないのは当然である。予防に関する思考は、絶えず繰り返され、頭を悩ませてきた不確実性というただ一つの主題に基づく無限の変奏曲へと変化するのである。しかし、一貫性のないように思われたいくつかのはずれた音が、手がかりとなっていくのである。フランソワ・ゲリーは、コリンヌ・ルパージュと予防と防止の違いについて議論する過程で、驚きをもたらさずにはいられない次の言葉を発する。「予防は、純粋な無知ではなく、検証可能な疑い、ほぼ完全な確信から主に成り立っている」[*32]。それまで、私たちは、予防というのは、確実性ではなく不確実性を前にしたときの態度だと思っていたのである！　しかしクリルスキーとヴィネイの広く流布されている報告書に次のように書かれているとき、こうした思い込みから離れなくてはならないと彼らが考えていることがうかがえる。「われわれは、潜在的なリスクはほとんど起こりえないとしばしば考える。またそうしたリスクを無意識に、制御可能であると思わせるほどに非常に低い確率で起こる顕在的なリスクと同一視している。このことは〔……〕正確ではない。〔……〕潜在的なリスクには、その仮説的な特徴にもかかわらず、非常に高い発生確率のものがある」[*33]。法律家のマリー＝アンジェル・エルミットも、手元にある断片的な手がかりやデータに基づく危険性ないし仮説を退けることができない科学者たちの状況を描写する「理論的可能性」について言及するときには、二人に劣らない。実際、法律家にとってこれは重大な問題である。現実世界の特性を投影するよう、思考の操作、すなわち仮説を形成することが可能かどうかが問題だからである。エルミットはこう述べる。「このことが意味するのは、モデルや既存の知識に帰着するいくらかの諸要素は、資料的にも実験的にも証拠がなくても、物事を可能にするということだ。しかし、出来事が起こりうるのかそうでないのかという点については、何も教えてくれない。これはしばしば政治家や、専門家集団と化した科学者たちに、弱い確率といわれているものである。ある概念から別の概念へと変化することは、受け入れがたいことなのだ」[*34]。

したがって、恐ろしい不確実性が、われわれを懸念させる脅威の相を呈するようになる。脅威はほとんど起こりえないのか、それともほぼ確実に起こりうることなのか。どちらの場合もありうるように見える。おそらく、大規模かつ発生確率が高い破局が起こるとは想像しがたいという理由で、すなわち事態の大きさをありそうもないように思わせるという理由で、ほとんど起こりえないといえる。しかし同時に、その脅威の運命という特徴から考えるとほぼ確実に起こりうる。同じ出来事が、ほぼ起こりえないことであると同時にほぼ確実に起こりうる、という事態は必ずしも明白ではないが、ここには様態というものに対するある種の混乱が忍び込んでいるのである。新しい脅威に対して、「ほぼ確実」とか「ほとんど起こりえない」ということを私たちは話したいのではない。そうではなく、これらの脅威が不可避であるという点を話題にしたいのである。そこから、運命や運を全面的に参照することになる。破局は未来に書き込まれているが、それが起こる確率は低い。この未曾有の情勢こそが、われわれの置かれた状況の悲観的なビジョンとなるのではなく、おそらく唯一の救済の可能性であることを示すだろう。実現しないだろう不可避の出来事に注意を傾けるからこそ、おそらく、この不可避の出来事が実際には起こらないような方法を見出すことになるのである。

しかし、ここで立ち上がる主要な障壁の本性についてまだ何も私は語っていない。予防原則の理論家たちの勘違いがそう考えさせるように、破局がわれわれの前にあることに確信を持っている、あるいはほぼ持っているということを認めておこう。問題は、われわれはそれを信じていないということなのだ。自らが知っていることを信じていないのである。倫理的思慮に対する試練とは、未来に書き込まれた破局の知識の欠如ではなく、この書き込み自体が信用できないということなのである。

プラトンの『テアイテトス』、『メノン』以来、哲学では知識を、根拠のある本当の信仰として定義している。知るとは、何か本当のことを信じることであり、きちんとした理由があってそれを信じることである。pという命題を知っているというときはしたがって、必然的にpが真実であることを信じているということになる。この知識に対する分析は、二〇世紀に入って、一連の反証をたずさえた分析哲学によって厳しく審問にさらされることになるが、ここはその議論に加わる場所ではない。いずれにしても、破局の時間性というものは、知ることは信じることであるという含意を否定しているのだ。まるで一連の議論全体で、古典的知識の分析を否認しにかかっているようである。われわれは所有するデータによって、破局がどうやら本当で、確かであり、あるいはほぼ確かであると判断すると同時に、破局を不可能だとみなしているのである。

予防という概念がまだ生まれていなかったころ、政府や責任者は何を行っていたかという単純な問いを立ててみよう。彼らは、予防という概念によって刷新されることになる防止という政策を行っていたのだろうか。いや、一切やっていなかったのだ。彼らは単に、まるで破局の到来がそれを予見する——もちろん遅すぎるのであるが——唯一の正統的な事実的基盤であるかのように、破局が起こるまで行動せずに待っていたのである。[*35] 予防原則が、科学的に不確実だからといって防止政策を先延ばしにすべきでないと主張したとき、予防原則は、障害の本性を完全に見誤っていたのである。科学的であろうがなかろうが不確実性が障害となっているのではない。障害は、最悪の事態が到来することを信じることが不可能だということなのである。[*36]

現在の状況は、破局の予告は、行為においても思考においてもいかなる著しい変化ももたらさないということを示している。たとえ知らされていても、人々は知っていることを信じようとしないのである。来るべき恐怖について、コリンヌ・ルパージュは「不可能だと思い込んでいるから、その可能性を退けるのは一理ある」[*37]と述べる。さらに地球温暖化について、彼女は「二〇年来、われわれが直面しているリスクについて完璧に知っていたのに、厳密に何もしなかったということは事実なのである」[*38]と付け加えている。二〇〇一年三月、ブッシュ大統領は、大統領選での米国民に向けた公約を破廉恥にも破棄し、温室効果ガスの排出の削減努力をしないことを告げた。政治評論家たちは、大統領が化石燃料の大企業のためにロビー活動を行っていた共和党議員たちの圧力に屈したのだという。同じ見立ては、たとえば食糧危機の問題など、他の領域においても行われていた。来るべき破局の恐怖には抑止効果がまったくないということ、また、ロードローラーが地面を踏み固めるかのごとく経済論理が進行し続けるということ、加えて、いかなる学習も行われていないのである。

破局というものは信じられる類いのものではない、ということが大きな障害なのだ。破局に対する恐怖には、何の抑止効果もないのである。恐れに基づく発見術は、型にはまった解決策なのではない。そうではなく問題なのである。この問題が主として心理学の領域に属しているという印象を、私は与えたいとは思わない。たしかに、認識的、感情的な要素が介入し、それらをまずまずの精緻さでもって分析できるだろう。数多くの実例に基づいて、デヴィッド・フレミングは「リスク見積もりの遡及原則」を打ち立てた。その原則とは、ある共同体がリスクの存在を認める傾向は、共同体が解決策についての観念を抱く度合いに応じて変化するというものである。[*39] 心の哲学と認知心理学は、まったくの非合理性としてあらわれるものを部分的に説明する。そうでなくとも、その正当化を可能とする分析道具を提供してくれる。われわれは常に、新しい情報に応じて、世界に対して信頼をおいている事柄を修正する。とはいえ、この再編成は受動的に行われるわけではない。というのも、知る主体は多岐にわたると信じている事柄が全体として一貫性を保つよう、絶えず努めているからである。知る主体が受け取る情報すべてを信じなければならないとしたら、それは、古くから信じている事柄を――それらは彼の世界観や同一性を確立するためにやってきたのであるから、容易に取り除くことができないほど心に根づいている――

すべて問題視しなくてはならなくなる。現在われわれの手中にある発展の様態は、時間的にも空間的にも、無限に延長できるものではないということをすべてが示そうとしている。しかし、進歩と区別がつかないものを学んだことを問題視するという行為には、驚くべき反響があり、われわれ自身が知っていることがその事例だという事実を信じられないほどなのである。ここには、不確実性はない。あったとしてもほんのわずかだ。不確実性はせいぜいアリバイにすぎないのだ。不確実性は障害ではない。絶対に障害ではないのである。

二〇〇一年九月一一日の悲劇が衝撃的に示した不確実性のように、信憑性（crédibilité）を根拠づけられないのは知識だけではない。[*40] 悪を思い描く能力をもってしても、獲得されたあらゆる情動の動員をもってしても信憑性を根拠づけられないのである。[*41] それでも、何度も繰り返すが、この問題は心理学の領域を超えて、創造に関してベルクソンが見事に理解してみせた時間性の形而上学を関わらせるのである。われわれの時間は、ベルクソンがもたらした教訓を破壊の事例にも適用するよう強いる。人間と共に、創造的進化は、呪われた部分――破壊的進化――を伴うことになるのである。

結論として、次の章では、これまで表面的にしか触れてこなかった形而上学的問題を正面から扱うことになるだろう。その前に、すでにある程度言及してきた道徳哲学へと迂回する必要がある。

第Ⅲ部

道徳哲学の困難、欠くことのできない形而上学

不吉な預言が下されるのは、その的中を防止するためである。後になって、事態がさほどひどくはならなかったと言って、事前に警鐘を鳴らした人々をあざけるのは、不当さの極まりと言えるだろう。あざけりの的になったものこそ、人々に貢献しているのかもしれない。

ハンス・ヨナス『責任という原理』(1)

主の言葉がアミタイの子ヨナに臨んだ。「さあ、大いなる都ニネベに行ってこれに呼びかけよ。彼らの悪はわたしの前に届いている。」しかしヨナは主から逃れようとして出発し、タルシシュに向かった。

「ヨナ書」(2)

未来は厳として確実に存在するけれども、現実には生起しないかもしれない。神が中途で待伏せしていることもあるから。

ホルヘ・ルイス・ボルヘス「天地創造とP・H・ゴス」(3)

9　未来の記憶

過去を振り返ることでしか人生を理解できない、と哲学者たちがいうのはまったく正しいことである。しかし彼らはそれに劣らず真実である次の命題を忘れている。すなわち、人生は未来に向けて投影されてのみ生きられうるのだ、と。この命題をあらゆる角度から検討すると、時間のなかに埋没した人生を真に生きることはできないということに納得させられる。なぜなら人生を振り返って理解するために人生が私に要求するようには、立ち止まって、自分の生を眺めることができるような特殊な瞬間など私にはありはしないからだ。

キルケゴール『日記』一八四三年（邦訳未刊）

ハンス・ヨナスの『責任という原理』は、責任という概念の領域と意味をはるかに拡大し、われわれに来るべき破局という絶望を凝視させ、最後は責任そのものを解体することになる。このことについて、たとえばカトリーヌ・ラレールは次のようにいう。「そこから生じる誇張された責任という概念は、ヨナスの倫理学から、なすべき的確な行動について情報を与える能力を取り上げ、極言すれば無為を要請する」[*1]。たしかにヨナスの著作にはその種の萎縮させるような警告というものが存在する。「この領域は、集団的な行いの領域が強大化するが、〔集団的行為の領域は〕その強大な力を通して、新しい、従来夢にも考えられなかった責任の次元を倫理学に押しつけてくる」[*2]。彼の著作が無為を扇動しているという非難は極度に無根拠なもので、著者ヨナスの論にも反していると私には思われるが、議論もこの段階まで来たので、伝統的な道徳の学説を取り上げながら、われわれの状況における責任の問題について検証してみたいと思う。この道徳の学説も、同じ批判を受けることになるのがわかるだろう。実際に、批判が道徳の学説の一つであればの話であるが。

英語圏の道徳哲学は[*3]、七〇年代の激動で極度に変容を被った。帰結主義が、二世紀にわたって道徳の実践者たちに及ぼしてきた支配は、突如、もう一つの偉大な道徳哲学の潮流である義務論の側からかつてないほど強力な挑戦を受けることになった。もちろん、この激動の原因となったのはジョン・ロールズの『正義論』の出版である。したがって、力関係が変化してから瞬く間に、ロールズの影響力はかくまでに拡大したようである。また帰結主義、とくにその変形である功利主義は、少なくともしばらくの期間は、時代遅れの哲学として放逐されていたようである。帰結主義が、生きながらえていたことを誇示しつつ、再び擡頭してきたのは、まさに人類の未来にのしかかる脅威についての思考のためだったことを明記するのは本論にとって意義深いことである。

最近では、アメリカの帰結主義の指導者の一人であるサミュエル・シェフラーが、「グローバル時代における個人の責任[*4]」という重大な論考を発表した。彼は次のことを主張した。新しい状況に応じたわれわれの責任を思考することは可能であり、その状況が脅威のグローバル化として特徴づけられるならば、責任の新たな概念は帰結主義によってしか説明されえないだろう――。常識の道徳は、そこではまったく不適切だということになる。

シェフラーの立論をここで要約しておこう。常識の道徳とは――これは非帰結主義が、常識において重要な位置を占めるということを説明しうるのだが――ごく最近まで人類の共通経験であったといえ、行動の現象学のなかに根を下ろしている。共通経験は、以下の三つの命題を自明なものと考える。第一の命題は、行動は怠慢より重要であるということ。第二の命題は、近い効果は、遠い効果よりも、目に見えるために、より意味があるということ。第三の命題は、個人への効果は、グループや組織への効果よりも重要であるということ。

この通常行動の現象学を直接的に反映している常識の道徳の特徴は、本質的には非帰結主義的なもので、それは以下のとおりである。第一に、否定義務（「汝殺すなかれ」）は肯定義務（「汝近親者を助けよ」）に対して絶対的な優先権を持つ。行動することに関する責任のほうが、放置していることに関する責任よりも重たい。たとえ一〇人の苦しみを軽減するための不可欠の条件であっても、無実の人に悪をなしてはならない。第二に、近親者に対しては、人類のそれ以外の人々に対するのとは違う特殊で特別な義務を背負う。

　規範的な責任に関するこの限定的な発想は、われわれが置かれている現状とはまったく相容れないものである。肯定義務は否定義務に劣らず重要である。個人が意図的に殺人を犯すことと、豊かな国の市民として自分勝手な心地よい生活を追求する結果、他国で餓死者が出ることとの間の区別は、帰結主義者にとっても許容しがたいこととなっている。つまり自らの行動のすべての帰結を考慮せねばならず、身近な者や目に見えるものだけがよければいいと考えるべきではない。ハンス・ヨナスは帰結主義者ではないが、同意見であり、「善き意志で、熟慮され、うまく実行された行為なら、後々になって意図に反した結果になっても、誰もこれに対して責任があるとはみなされなかった。人間の影響力の腕が短いので、予測する知識にも長い腕が要求されなかった。影響力の腕が短くても非難されないのは、予測する知識の腕が短くても非難されないのと同様である」[*5]という伝統的な世界に、この新しい状況を対置する。未来にのしかかる脅威の多くは、個人の些細な行動が

――それぞれは、個別になされ、取るに足らない程度の結果しかもたらさない――蓄積してあらわれるという相乗効果の結果なのである。ここでは怠慢と行為の区別も意味を失う。よくフランス語では、「マイカーで都市に行くのは差し控えてください（Absentez-vous）」といわれる。もしその命令に従った場合、「棄権（abstention）」〔＝不実行〕したことになるのか。しかし、原因なき始まり、人間関係のネットワークの内部での根源的で新しいものの始動という意味を持つこの語の語源を考慮するなら、棄権は行為だといえるのである。ヨナスは「今日、人類の力と、結果を確実に予知する能力に対して人類の力が超過していることとがかくまでに拡大してしまった。そのおかげで現代文明のルーチンを構成するその力を行使することは、倫理的な問題となる」[*6]と述べることで、行為の範囲、したがって倫理の領域の度を越した拡張に呼応する。

常識の道徳に対して帰結主義の弱みとなるのは、帰結主義が、常識の道徳にとって決定的に見える〔怠慢と行為という〕区別に対して、いかなる重要性も、あるいは意味さえも見出していないことである。したがって、少なくともシェフラーの謂いを信じるのであれば、帰結主義の弱みとなるものは、同時に帰結主義の力であり、そして手段としての唯一性という特徴となる。

しかしこの勝利は、割に合わないものとなる。帰結主義に頼る必然性を説明する理由は、その無力さを説明する理由ともなるからだ。行為と結果をつなぐ因果の連鎖はあまりに複雑なので、概念的にはコントロールできるものではなく（複合的な現象のモデルは、それ自身、初期条件に対する感度、非予見性といったあらゆる従属的な特徴も含めて複合的でなくてはならない）、実践の水準でも同様にコントロールできるものではない。複雑さは、結果を得るための計算に託されたあらゆる希望を砕くのである。このことは、予防原則の実行を自己矛盾化させることになるが、帰結主義にとっても致命的なものとなる。ヨナスもそのことには気付いており、次のように述べる。

> 力の拡大は、将来（le futur）におけるその結果の拡大でもある。後続することはそこから生じるのである。それぞれの事例において、仕方なく持つことになる、増大する責任を実行しうるのは、結果の予想が同じ比率で増大するという条件においてのみである。理想的には、予想の長さが、結果の連鎖の長さと等しくなるべきである。しかし未来に対するこのような知識は不可能なのである[*7]〔……〕。

シェフラーの結論には絶望的な側面もある。常識の道徳に基づく責任の規範的な考え方は、現状に対してまったく不適切なものであり、徹底的にその考え方を変える方向性があるとすれば、帰結主義を受け入れること以外にはありえないだろう。だが不幸にも、この方向にも救いはないのである。少なくとも倫理学の次元において、責任という概念そのものにはいかなる基礎づけもない、というのが結論である。

自身の不能を認める唯一の手段として自らを提示してしまうという帰結主義の災難は、この道徳の学説に固有のものではない。カント道徳哲学を過激化したサルトルの実存主義も同様の命運をたどった。当時は大戦直後、すなわち破局以前ではなくて、以後だったことを思い起こそう。人間社会にふさわしい何かを再建する必要があった時代である。サルトルは「人間は人間の未来である」というフランシス・ポンジュの言葉に対して次のように注釈する。

まさにそのとおりである。ただ、この未来が神意に刻みこまれたものであり、神がこれをみているのだという意味なら、それは間違っている。それはもはや未来ですらないからである。出現する人間がどのようなものであろうと、作るべき未来が、彼を待っている無地の未来があるのだという意味ならこの言葉は正しい。しかしそうだとすると人間は捨てられている。

この自由の空間を前にしたサルトルの次のような、信じられないほど厳しい要求が思い出される。「私は時々刻々、規範的行為をなすことを余儀なくされている。すべての人間にとっては、あたかもその行うところに全人類が注目し、その行うところに全人類が則るかのように一切が行われる」。正確には次のようにサルトルは述べる。「人間は不安である〔……〕。それはこういう意味である。すなわち、自分をアンガジェし、自分は自分がかくあろうと選ぶところのものであるのみならず、自分自身と同時に全人類をも選ぶ立法者であることを理解する人は、全面的な、かつ深刻な責任感をのがれることはできないだろう、ということである」。このカント的な発想について何かしらの疑いを持つ人は、次の記述を読めばその疑いが完全に払拭されるであろう。「たしかに多くの人々は、行動することによって自分自身をしかアンガジェしないと信じ、「もしみんながそうしたら？」といわれたら、肩をすくめて「みんながそうするわけじゃない」と答える。しかし実をいえば、人はつねに「もしもみんながそうしたらどうなるか」と自問すべきであり、一種の欺瞞によってしか、人はこの不安な思考をのがれることはできない」[*8]。

以上が、カントの論理を極限まで突き詰めたとき、カントの「汝の意志の格律がつねに同時に普遍的立法の原理として妥当するように行為せよ」という命法が一貫性をもって導くところのものである。「すべての人間にとっては、あたかもその行うところに全人類が注目し、その行うところに全人類が則るかのように一切が行われる」というのは、精神病の初期症状の特徴である。[*9] カントの教理と狂気の関係というのは、すでに学者たちの注釈の対象となっていたのだ。

帰結主義でもなく義務論でもない。それではわれわれに残されているのはいったい何か。おそらく、ヨナスが提案する、恐れに基づく発見術と、結果としての未来(l'avenir) あるいは想定される将来(le futur)の倫理学とを真剣に検討するべきなのかもしれない。

ヨナスの倫理学は帰結主義ではない。今後の展開でそのことは理解される。この時点では、ヨナスの倫理学が深い意味では帰結主義ではない理由は、時間の方向と関係があるとだけいっておこう。帰結主義は、「帰結」という言葉が明示するように、現在から未来へという時間性において処理される。付随して生起するのは、後から来るものなのである。将来の倫理は、結果としての未来に優先されないし、優先されるべきものでもない。それは、結果としての未来の視点から、現在というものを、すなわちわれわれの現在を眺めるときに生まれる倫理なのである。この時間の逆転こそがヨナスの倫理学に、形而上学の水準において、まったくの特異性、深遠なる独自性と美しさを与えることになる。ヨナスは、恐れに基づく発見術について、次のように述べる。

羅針盤として何が役に立つだろうか。予測される危険そのものが羅針盤になる。危険が未来から警鐘を鳴らしている。この危険は地球的な広がりを持ち、深く人間性に突き刺さるものであることが予想される。この危険そのものから、様々の倫理学の原理が発見されるだろう。その原理から、新しい力を持つ新しい義務が導き出される。*10

あたかも記憶の深奥に未来の破局の痕跡を見つけるかのように、われわれは未来からやってくるだろう予兆の謎に立ち戻らなければならない。しかしこの予兆は、たとえば、科学的たらんと標榜する公的機関による将来的景況についての予測にしても、ある意味で、あらゆる予言が実現するものではないだろうか。

ヨナスの倫理学がカント的なものではないということはさらに明白となる。というのも、ヨナス自身、まさしく形而上学上の決定的な問題にこだわり、次のように長々と弁明しているのである。すなわち、予想される未来は、確かに現状の――それでも現状でしかない――端的な未来のことなのか、それとも、まるで起こるかのごとく推移する仮説的で、反実仮想である「条件法的未来」のことなのか、についてである。このことに関するヨナスの言葉に耳を傾けてみよう。

カントの定言命法は、〔……〕われわれの一人一人に次のことを考えてみるよう要求する。すなわち、私のいま現在の行為の格律が、もしも普遍的な立法の原理とされた、あるいはこの瞬間にすでにこうした原理であるとしたら、何が起こるだろうか。こうした仮説の上での普遍化が、自己矛盾をもたらさないか否か、これが私の個人的な選択を試す試金石とされる。だが、私の個人的な選択が事実として普遍的法則となる格律があるのか、または私の選択がこうした普遍化に少しでも貢献する格律があるのか。そうした疑問は、カントの理性的考察には含まれていない。実際のところ、現実に何が帰結するかということはカントの念頭にはない。カントの原理は客観的な責任という原理ではなく、私の自己決定に備える主観的な性質に関する原理である。〔これに対して〕新しい命法は別の一貫性を呼び起こす。すなわち、行為が自己矛盾しないという一貫性ではない。行為がゆくゆく及ぼす様々な因果的結果が、人間の活動が未来も存続することと矛盾しないという一貫性である。ここで念頭に置かれている「普遍化」は、仮説的なものではけっしてない。つまり私という個人を、因果的に私と結びつきのない想像上の「あらゆる人々」へと論理的に点にさせてみる（「もし誰もがそのように行為したら」）ということではない。むしろ逆である。新しい命法に服する行為は、集団的な全体の行為である。こうした行為が及ぼす因果的結果は事実広い範囲にわたるもので、このため、普遍的に誰にでも関与してくる。すなわち、こうした行為は、行為のインパルスが増加するにつれ、「全体的なものとなる」。そのため、事物の普遍的な状態〔誰にでも関与する状態〕が形成されることに帰着しないわけにはいかなくなる。こうして、道徳計算に時間地平が付け加わる。時間地平は、カントの命法の論理的な瞬間操作にはまったく欠けていた。カントの命法は、抽象的な無矛盾性という絶えまない現在の秩序を推測する。これに対して、われわれの命法は計算可能な現実の未来へと推測する。この未来は、われわれの責任のけっして完結しない次元である。*11

ヨナスの力にあふれた主張は次のように要約されよう。行動の結果を予測する能力を、われわれの力が過剰に超えてしまっているという事実は、自身が未来を予測しなくてはならないという義務をわれわれに課している。と同時にそれが不可能であるということも示している。このアポリアから抜け出すために、ヨナスは即座に未来という時間に身を置く。要するに、かりそめではあるが、恒常的に継続する歴史が終わる時点に身を置くのである。*12こうして現在から未来へ、未来から現在へと循環するループのなかで時間はまるで凝固するかのようである。次の章で私はこの形而上学の一貫性を例証し、この形而上学のみが破局の時間――不確実性のことではなく、破局が襲いかかることをわれわれが信じていないという事実――の思考を妨げている障害を克服する見通しを示してみたい。

10

未来を変えるために未来を予言する（ヨナに対するヨナス）

ベルクソンを興奮させ、感動させ続けたのは、彼の人生の各瞬間に新しいことがあるというごく単純な事実である。そして、生があるところでは、いたるところで、いたる瞬間で新しい出来事が起きているということは、きわめて一般的な事実である。この新しいことは、根本的に新しい、すなわち予測できない、という意味だと理解しよう。したがって、あらわれる前に隠れてはいるが、存在しているというような状態――われわれの悟性はそれを見抜く力がないという理由で予測できないに過ぎない――、すなわち顕在化する前の潜在的な状態は、偽りの新しさである。ベルクソンの感動は、われわれの精神のそのような欠陥とは関係がない。そうではなく、存在の充溢、時間に伴って見出される存在に彼は感動するのだ。

アンリ・グイエ「ベルクソン全集序文」

Henri Gouhier, Introduction aux *Œuvres de Bergson, op. cit.,* p. XXI.

可能態としての破局

これまでに、予防は、悪い場合には論理的に破綻するものであり、よりましな場合でも防止と混同されるということを示した。防止が予測に失敗すること、すなわち破局を回避できないことは、時間性に断絶を導入する新しい出来事に――とくに、深刻に考えると恐ろしさで凍りつくような出来事が予想される――直面するわれわれが、自発的に展開してきた形而上学に深く根を下ろしている。可能態は時間のなかに生起する以前には存在しないというこの直接的な形而上学の大きな特徴を、ベルクソンは――何よりも彼自身の個人的経験において深く感じ取っていたことである――みごとに理解していた。生起する前には可能態の領野に入ってこない破局は、予測できない。破局に向けてわれわれは自らを先取り（se projeter）することはできないのである。この形而上学は防止を禁じることになる。防止論が予測する出来事は、それがその出来事を予測するゆえに現実化していない可能世界に送られてしまう。これが防止論の特徴なのだ。防止論の根底にある形而上学において、様々な可能態は、そのうちの一つが実現する前にすでに存在しているのであり、現実化されなかった他の可能態については、存在しえたかもしれない、あるいは存在しなかったすべてのものが漂う辺獄《リンボ》で永久に生き延びるのである。首尾よく敵に攻撃を思いとどまらせた脅威の背後には、実行されず現実化されなかった可能態が控えている。その脅威がフォン・ノイマンやバートランド・ラッセルの差し迫った忠告に従っていたら、アメリカは水素爆弾の絨毯の下にソ連を石化してしまったことだろう。アメリカはさすがに水爆を落とさなかったが、それが実行可能であるという想像力が、おそらく世界の平和に貢献したのであろう。防止の形而上学において、核の冬がありえたかもしれないという可能態は、永久に可能態として留まるのである。それは可能態が今日でも現実化するかもしれないという意味ではなく、それが生起しえたという事実が永久に真であり続けるという意味においてである。

決定理論、合理的選択の問題系は、ライプニッツという名前と容易に結びつくこの伝統的な形而上学とは相性がよい。ライプニッツが神について語ることを、決定理論の理論家たちは人間について語る。また様々な可能態の総体を悟性において思考する、決定者である神、もしくは人間は、ある種の大きさを最大限にするものを選択し実行する。様々な可能態は、選択の時点以前から存在し、その選択の結果に左右される。しかしベルクソンの形而上学は、この特徴とは断絶し、防止から、一見不可能に見える仕事を作り上げる。

人が破局を信じるのはそれが一度でも起こったときである、というのが基本的な所与となる。それが現実化したとき、したがって遅すぎるのであるが、人は反応する。しかしながら伝統的な形而上学には、この袋小路の状況から抜け出すのに役立つ可能性のある概念がある。破局はわれわれの行く手にあり、それが住まうのは未来と名付けられた場所である。われわれが、現在という時間が持っている現実ないし現実性を未来に付与すればいいのである。[*13] さて、これが未来に現実を付与する形而上学の原理が目指すことである。その原理は、時間が未来の出来事を決定する前に、その出来事に関する様々な主張に真実かどうかという価値を付与するから、きわめて簡潔に表明されうるのである。[*14] たとえば「世界貿易センターのツインタワーは世紀末より前に再建されるだろう」と〔未来形で〕述べるときのように、何らかの存在を肯定する際にフランス語では直説法未来形という時制を用いるが、そのたびに、未来に現実を付与する原理を前提としているのである。言語学的には、このフレーズによって表現している命題は、実のところ、それを言明する時点では真か偽なのだが、それが真であろうと言えるのは、唯一世紀末までに世界貿易センターのツインタワーが再建されたときなのである。そして、われわれは予想するたびに、未来に現実を付与しているのである。[*15] このとき、われわれは運命主義に必然的に陥ることになる、と結論づけるのはひどい錯誤ということになるだろう。未来は、いってみればすでにその将来の姿であるということは、未来が将来の姿と違うものとしてありえるという可能性を排除することではまったくない。

われわれが困難を難なく切り抜けているわけではないことは明らかである。実際、われわれわれがそれに成功した場合、すなわち予見によって破局を回避できた場合を想定してみよう。伝統的な形而上学においては、現実化していない可能世界に送付された破局は、同時に現実化した未来、すなわちわれわれが迎えることになる唯一の未来において居場所を失う。破局は、現実性、すなわちわれわれを突き動かす力を失っている。ベルクソンの形而上学においては、事態はより悪い。それというのも、破局は、現実化するいかなる仮説も見出せず、可能態の領域にも入ってこないからである。

障害を潰す、あるいは回避するためにも、未来のなかに破局をより過激に組み込む必要性を示していきたい。破局は回避できないものである必要がある。厳密には、破局について*われわれが抱いている記憶のなかで*その到来を予見するために、われわれは行動するということを意味する。ヨナスが言及し、物理法則が禁じている、未来に由来するこれらの合図に存在と意味を与えるのは、形而上学的議論なのである。

われわれはいまパラドックスのただなかにいる。人は私に次のように反論するだろう。あなたは来るべき破局の形而上学的性質ばかりを強化している。破局は生起するだけではなく、いったん生起すると、生起しないことはもはや不可能となるだろう。この道筋を通って、破局の現実性を信じることができ、それを予想するために必要な高揚感を最終的に得ることもまた可能だとあなたはいいたいのか。しかしもしそう予想しているなら、破局を回避できないなどと、どうしていえるのだろうか。こうした矛盾は不条理に陥りかねない。しかし、序論〔「破局の時間」〕で指摘したベルクソンの形而上学の論法は一つの方法を明かしてくれる。私が練り上げようと考えている形而上学は、ベルクソンとはいささか異なっている。私の形而上学は破壊的進化の場合において、ベルクソンの形而上学に対する中和剤となるが、様態（可能態、必然態など）に関わっている諸命題は時間のなかにインデックス化されているという点でベルクソンと共通している。以下のことを想起しておこう。ベルクソン哲学において、芸術作品などの根源的な新しさの出現については、出来事が生起する前には、その新しさは可能ではなかったが、出来事の生起に伴って、新しさは、つねに可能であり続けたということが真実となる。「実現に先立たない可能性というものは、ひとたび実現するや、実現に先立っていただろう」というわけである。破局があらわれてしまったら、それが生起しないというのは不可能であるが、生起する前であれば、生起しないことが可能だったと考えなくてはならない。自由が忍び込むのはまさにこの隙間なのである。

予言のパラドックス

予想行為の観点から、解決策を探してみよう。科学は予想する。これは科学の本質的な機能の一つである。天文学者は、次の月蝕を予測するだろう。気象学者は翌日の天気を予測し、エコノミストは株価指数の推移を、地質学者は次に起こる地震を予想する。このとき、物理法則はまったくおかされていない。いかなる合図も時間軸を未来から現在へと遡及しない。あらゆる予測は、数学的演繹によって、想定世界において現実の因果律を模倣するモデルにならって行われる。さて、形式的演繹は、現象の時間の外側で実現される。未来から現時点と同時期の現在を作ることによって、形式的演繹は時間に死刑宣告を下す。専門家は時間の流れを詩人のように支配する。詩人が書く仕事で得ることを、専門家は、現実の仮象、模倣すると同時に模倣されていると称するモデルを、現実と置換することによって得る。複合的なモデル化の登場で生じた断絶が、このモデル化という理想を破綻させるというのが、私が強く主張したことだ。というのも複合的モデルの諸特性は、モデル自体の知識から演繹されうるものではないからである。コンピュータ上でモデルの振る舞いをシミュレートするという情報工学で使われる意味でのシミュレーションこそが、根源的な新しさを生み出す時間から何かしら見出しつつ、モデルの諸特性を発見させてくれるのである。

　いかなるパラドックスもそれ自身では、予言という行為を汚すことはない。しかし、人間は未来を知るためだけではなく、世界に影響力を及ぼすために予言を行うのである。人間は神――少なくとも神学者や哲学者が作り上げた神――の似姿である。神は、来るべき時間に位置する出来事に関するあらゆる命題の真贋の価値をいつでも知るという予知能力を備えていると同時に、人間の織りなす事件にも介入する救世主でもある。人間は、破局を予見するのはきわめて重大だと警告することを期待している。パラドックスが生まれるのはここである。

偽りの予言が存在することは、それ自体では問題視されるものではない。日々、われわれは実現しないようなことを予想しているが、これは個人であろうが集団であろうが人間生活全般において行われている。たとえば私は、決まったばかりのストライキのことを知らないまま、飛行機が定刻に離陸すると予想し、政府は、半分しか達成されないだろう向こう一年の経済成長率の予想を発表する。私が検討したいのは、これとはまったく違う種類のものである。一つは、予想されたというだけで偽りとなってしまう予想であり、もう一つは、予想が現実化しないように行われる予想である。このまったく異なる二種類の予想は、名前を同じくする二人の職業的予言者を対立させることになる。その予言者の一人は、二〇世紀ドイツの哲学者ハンス・ヨナス（Jonas）であり、もう一人は旧約聖書「列王記下」一四章二五に言及されている紀元前八世紀の預言者、アミタイの子ヨナ（Jonas）である。

ヨナのジレンマ

「主の言葉がアミタイの子ヨナに臨んだ。「さあ、大いなる都ニネベに行ってこれに呼びかけよ。彼らの悪はわたしの前に届いている。」しかしヨナは主から逃れようとして出発し、タルシシュに向かった」[*16]。神はヨナに主の前で罪をおかした都ニネベの崩壊を預言するよう求めたが、預言者の役割を果たす代わりにヨナは逃げ出したのである。なぜか。この点に関して教えてくれる記述はない。この物語の続きは知られているとおりだ。ヨナはジブラルタル海峡のタルシシュへ向かう船に乗り込むが、その後に懲罰の嵐が吹き荒れる。くじ引きによってヨナの罪が明らかになる。主の怒りを鎮めるためにヨナは船員らにより海に投げ込まれる。ヨナは慈悲深い魚に飲み込まれるが、三日三晩の後、魚はヨナを陸地に吐き出した――。しかし物語の結末まで覚えているだろうか。ここにヨナが神に従わなかったという理由が記されているのだ。ヨナは優れた預言者として、彼の預言の後に起こるだろうことをすでに予見していたのである！　起こったであろうこととは、現在起きていることであり、主は、ニネベの崩壊を預言するようヨナに二度目の命令をくだす。不服従のもたらす代償を理解しているヨナは、今度は従うのである。ニネベの民は、悔い、改宗し、神は彼らを許す。ニネベは神の怒りを免れたのである。しかし聖書に従えば、それはヨナを怒らせるほどのひどい失敗であった。

ヨナは「小預言者」のうちの一人である。歴史的な根拠はまったくないものの、「ヨナ書」は、ユダヤ教徒にとってもキリスト教徒にとっても特異な重要性を備えている。ユダヤ教正統派は、キリスト教徒がそうするように、預言者に中心的な役割を与えるようなことは決してしなかった。ミドラーシュという名で知られる聖書解釈では、ごく部分的にしか預言者のことを扱っていない。唯一の例外は、とくにヨム・キプールという贖罪の日の典礼において、第一の地位を与えられ、決まった時間に読まれる「ヨナ書」である。イエス・キリストは、何者なのかをしるし〔証拠〕によって明らかにするよう求められた際に、「預言者ヨナのしるしのほかには、しるしは与えられない」と答える（「マタイによる福音書」一二章三八―四二および一六章一―四、「ルカによる福音書」一一章二九―三二）。ヨナの人物像は特異である。その理由を理解することが必要である。

まずヨナが表明した悔しさから始めることにしよう。私はこの問題の専門家ではないが、ここで、破局論に関する私の仕事のすべてが示唆する推論を使いながら、あえて伝統的な注釈を補完しようと考えている。主とヨナの葛藤は、ヨナがニネベの民が救われることをまったく望んでいなかったことに由来するといわれている。ニネベは紀元前六一二年までアッシリア人の首都であった。当時のイスラエルの民にとってアッシリア人は、最も凶暴で野蛮な敵を象徴していた。ヨナは、彼が言葉として伝えるよう求められた主の怒りが、アッシリア人の後悔と許しをもたらすことを自覚している。一方、彼は自らの土地の人々を愛し、野蛮人に破壊されないことを願っている。主はヨナの民を愛しているが、同様にニネベの民も愛している。そのことをヨナも知っている。たとえ、それを最後に主から知らされるにもかかわらず、彼はそれを知っている。主は、一本の植物をあわれみ、主の人類に対する慈愛に驚くヨナを恥じ入らせる。自分に従う民への誠実さと神に対する服従との間で引き裂かれたヨナは逃亡を決断したのである。[*17]

ヨナのジレンマはしたがって道徳的なものである。同様に形而上学的である、と私は主張したい。反対の解釈があるのはわかるが、聖書的預言の本質とは、未来の告知だと私には思われる。[*18] もちろん、預言者だけが未来を予見できると主張しているわけではない。彼らの傍らには、占い師、易者、占星術者、呪術師、魔術師、霊媒など、その能力が禁止されてはいるものの、[*19] 預言者の能力と容易に見分けがつかない人々がいる。預言者もまた、あるいはほかの誰よりも、まさに預言者をペテン師から区別するために神の言葉を解釈し、告げる者だという事実を強調する。[*20] たしかにそうである。しかし「申命記」によると、真の預言者であることの唯一正しい基準とは、預言が達成され、正しかったことが明らかになることであるという。「あなたは心の中で、「どうして我々は、その言葉が主の語られた言葉ではないということを知りうるだろうか」と言うであろう。その預言者が主の御名によって語っても、そのことが起こらず、実現しなければ、それは主が語られたものではない。預言者が勝手に語ったのであるから、恐れることはない」(「申命記」一八章二一―二二)。預言が実現されないというまさにそのことが、預言が神に拠るものではないことを示す。この基準は必ずしも都合がいいというわけではない。なぜなら、預言が真だと判断するには、それが成就されるかどうかを待つという手段しかないからである。したがって、未来だけが唯一の審判なのだ。こうして再び破局論のアポリアに突き当たってしまった。不吉を告げる預言者は、深刻に受け止められず、ペテン師から区別されるのは、破局が起こったときだけである。しかしいうまでもなく、それでは遅すぎるのである。

以上のことを前提として、アミタイの息子のヨナの形而上学的なジレンマと、もう一つの要素である「葛藤」を理解しなくてはならない。ヨナは、自分の預言が世界に作用し、世界に作用するという事実によって、偽りとなることを知っている。時間と呼ばれているこの迷宮の罠にヨナを陥れた主に対してどうして怒らずにいられようか。もしヨナが預言を行えば、神にとって「いとうべき習慣」を行う「霊媒」や「死者に伺いを立てる者」の一人に成り下がる(「申命記」一八章一一―一二)。逃亡というよりはこの袋小路の状態を抜け出すために、ヨナは次のように考えたであろう。「私の預言の内容は、もし私が預言しなければ実際に起こるであろう」と。ヨナはニネベの滅亡を望んでいないと想定してみよう。彼は自分自身に、滅亡を実現させないための並外れた力があることに気づく。その力とは、それが実現すると預言することである。これが防止と呼ばれるものである。破局の到来を告げる言葉は、問題になっている破局の生起を防止することに成功する。神は、まさにわれわれはそれを知っているのであるが、ニネベの滅亡を望んでいない。ヨナは、首尾よく切り抜けることができるのだろうか。もちろんそれは無理である。彼は、論理上の偽りなくしては、生起することになる未来、すなわちわれわれの未来であり、われわれの世界の未来と、条件法的な未来、したがって未来ではなく、破局を預言するヨナが預言しなかったときに起こるだろう単なる仮説でしかない条件法的な未来とを同じものと考えることはできないのである。

未来を変えるために予言することの形而上学的問題

一挙に二八〇〇年の時を越えて、二〇世紀末のドイツの哲学者のハンス・ヨナスが、自らに課した不幸の予言者としての使命をいかに弁護するかを考察してみよう。私が第Ⅲ部のエピグラフに用いた次の引用を綿密に検証してみよう。「不吉な預言が下されるのは、その的中を防止するためである。後になって、事態がさほどひどくはならなかったと言って、事前に警鐘を鳴らした人々をあざけるのは、不当さの極まりと言えるだろう。あざけりの的になったものこそ、人々に貢献しているのかもしれない[*21]」。

目にとまるのは次の差異である。ハンス・ヨナスは、同名の偉大な預言者ヨナが袋小路だとみなした状況をむしろ歓迎しているという点だ。ヨナスは、むしろ「ヨナ書」にあらわれる神のようである。未来が生起しないために、未来を意図的に、ヨナであれば預言し、主であれば預言させる。ここでいう未来はもちろん現在に胚胎している未来、すなわち実際に起こるであろう未来を意味している。前章で長く引用した、ヨナスがカントの定言命法とは一線を画す部分は、そのことを直截に意味している。ハンス・ヨナスは仮説的な未来には関心がない。繰り返すが、仮説的な未来は未来ではないのである。

問題は「未来を変えるために予言する」という命題が、伝統的な形而上学にとって、論理的に不可能であるという点である。この問題が、人の眠りを妨げたり、仕事に没頭するのを妨げるほどではない、という点は私も認めよう。二〇〇〇年という年が差し迫っていたころ、ある科学雑誌が、界隈の占い師やマクロ経済モデルの設計者など二〇人ほどの専門家に、未来を予測することがなぜ大切かというアンケート調査を行った。すると、ほとんどの専門家は、「未来を変えることを可能にするため」と答えたのである。

形而上学は合理性を重視する学問である。形而上学には、諸々の真実がある。より正確にいうと、一貫性のある形而上学があるがゆえに、形而上学の枠組みでここで検証している諸命題は真実の価値を持つことになるのである。命題は、真であるか偽であるかしかない。私が「伝統的」と形容し、ライプニッツと関係づけている形而上学について考察しているのであれば、未来は過去と同じように変化しえないものである。おそらく二〇世紀で最も偉大な形而上学の論理学者であり、ライプニッツの後継者ともいえるアメリカ人哲学者のデヴィッド・ルイスは、真実を、動詞の時制と叙法(*mode*)が決定的な効果を見せている次のような筆致で表現している。「通常「われわれが未来を変える」というとき、われわれは自分たちにいかなる能力を割り当てているのだろうか。現在とは別のやり方で行動したのであったら、そうであったような未来ではなく、現実にありえるような未来を作る能力のことなのだろうか。物事を変える(*We make difference*)というのはある意味で可能である。しかし、厳密にいえばそれは変化ではない。なぜなら世界にわれわれが導入することになる差異は、現実化する一つの可能態と、現実化しないままの諸可能態の間に位置するのであって、継続していく二つの現在の間にではないからである。厳密な真実とは次のようなことである。すなわち、未来は現在に反実仮想的に依存しているのだ。未来は、われわれが現在なすことに、部分的に依存しているのである」[*22]。

「反実仮想的依存」という概念には説明を要するだろう。というのも今後、この概念は重要な役割を果たすからである。「もし〜であれば、〜だ（Si..., alors...）」という条件を使用する命題は、直説法でいうこともできるし（《S'il pleut demain, je n'irai pas travailler》「明日雨が降るなら、私は仕事には行かないだろう」）、反実仮想的にいうこともできる（《Si j'étais plus jeune, je courrais le Marathon de New York》「もし私が若かったら、ニューヨーク・マラソンに参加するのに」）。「反実仮想」という言葉は、「もし私が若かったら」という事実に反する先行節の存在に関わっている（ああ、私は実際年齢よりも若くはないのだ）。条件に関わるこの二つのいい方による振る舞いはわれわれの推論においてまったく異なる。古典的な例を挙げるとすれば、次の〔直説法で書かれている〕命題、「もしシェイクスピアが『トロイラスとクレシダ』を書いていないのだとしたら、他の誰かが書いたのである」という命題は疑いなく真実である。なぜなら作品は存在し、作品には作者が存在するからである。一方で「もしシェイクスピアが『トロイラスとクレシダ』を書いていなかったら、他の誰かが書いたであろう」という反実仮想的な命題を「真」と判断するのはかなり問題含みとなる。古代ケルトの吟遊詩人のみこの傑作を書けるかもしれないと考えるのも可能である(4)。「未来は現在に反実仮想的に依存している」ということは、単に「もしこちらをやっていたら、一方でもし別のことをやっていたら、未来は（おそらく）違うことになっていただろう」という一連の命題を真とみなしていることを意味している。そのときわれわれは、自分たちのいる世界同様に可能であるが現実化していない別の世界にいることになるだろう。これこそが、未来を変えることができるという印象を与えるのである。しかし、われわれの世界では、未来は、単にそうである状態のものであったり、そうなるだろう状態のものである。現在と、もし私がそれをするなら、この未来は異なるものになる（直説法的な条件文）というようなものと私がみなしている未来との間には、できることなど何もないのである。

ハンス・ヨナスが自らに課した仕事はしたがって、論理学的にも形而上学的にも不可能なことなのである。もちろん、そしてあまりにも自然なので問題視することのないように思われる形而上学同様に、時間と自由行為に関する一貫性のある別の形而上学が存在することを示せなければの話であるが。現代において最も偉大な形而上学者である小説家のホルヘ・ルイス・ボルヘスは、これもまた本書第Ⅲ部の冒頭のエピグラフとして使用した次の引用によって、一筋の道を示唆する。「未来は厳として確実に存在するけれども、現実には生起しないかもしれない」[*23]。これが解であれば、この解は新たなパラドックスのかたちをとる。これを明らかにするには多くの仕事が残されている。ボルヘスは「神が中途で待伏せしていることもあるから」と付け加えている。ここで、この神を人間に置き換えるべきなのだ。待ち伏せする責任は人間にのみ帰せられる。私の主張は、もちろん、聖書の預言者であるヨナの形而上学が防止について考えさせるのであれば、ドイツ人哲学者ハンス・ヨナスの形而上学はそこから逃れる道を示唆してくれるということである。作品全体ではまだ見つかっていない一貫性が与えられることになれば、ヨナスの形而上学はおそらく、破局論の一貫性と合理性について思考するための手がかりを示してくれるだろう。

11　投企の時間と歴史の時間

無限知性とは何か、と読者は問われるであろう。全ての神学者がそれを定義している。わたしは一例を挙げて答えに代えたい。生まれおちた時から死の時に至るまで、一人の人間の足跡は時間の中で不可思議な模様を描く。人間の知性が三角形を認知するように、神の知性はこの図形を直ちに認知する。この図形は宇宙の摂理において、（たぶん）定められた機能を果たしている。

ホルへ・ルイス・ボルヘス「謎の鏡」(5)

「これは、きっとこうなるという先行きのありさまか、それとも、こうなるかもしれないという、仮の見立てに過ぎないことか。」(6)

チャールズ・ディケンズ『クリスマス・キャロル』

未来を予見することは、当然のことながら、運命論に屈することではないということを私は強調してきた。しかし予見された未来を、現在の行動の指針にするというのはまた別の話である。さて、この認識ははるか古代から共有されているものでもある。悲劇の主人公が神託に注意を傾け、その託宣から逃れるために行う様々な無駄な努力は、結局、神意の成就を早めるだけである。人類が繰り広げる冒険の歴史の最先端である現代においては、「経済主体」が、統計学研究機関の予測を判断材料として重視するが、ときには複合効果が生じ、予測とはまったく違う結果があらわれることもある。

私は予言者の立場というものを検証してみたい。予言者は、予言が世界にもたらす影響を知っており、予言内容が正しかったと未来において確認してほしいとき、予言の影響を考慮しなくてはならない。これは人間の事象についての未来を予知する三つのケースのうちの一つである。最初のケースは、未来に抱くイメージがまったく影響しないようなシステムに対する予言が問題になる場合である。たとえば、遠い国の小麦収穫量だとか外国の都市の交通状況に関するものである。この予言は、物理的システムの予測に類似し、その際に用いられるモデル化はうってつけの方法である。第二のケースは、実際には予言とはいえないものであるが、ときには約束や脅しという形態をとり、「あなたがこれを行うと決めるか、あるいは私が別のことをすれば、このようなことが起こるだろう」といった条件文の命題によって表明される言語行為の場合である。アミタイの子ヨナの預言はこのかたちをとっている。というのも、彼は、預言をしなかったら生起していたであろうことを預言するほかないからである。第三の例は、次に扱うケースである。

未来に影響を及ぼす予知

選挙における事前調査というものはあまりに正確な予測で、有権者が実際に投票するのに意味があるのかと反抗的に自問してしまうほどだが、選挙に先立って事前調査のない選挙が今日あるとすればどのようなものになるだろうか。一九五〇年代に活躍したノーベル経済学賞受賞者で、人工知能の生みの親の一人であるハーバート・サイモンは、正確な予見ができる可能性について、人間科学と自然科学との間には原理的な差異はないと主張した。彼が反発したのは、観察と予測が先に述べた第一のケースにおいてより困難となるという議論ではない。そうではなく、観察と予測は観察されたシステムを回復不能なまでに混乱させるという主張に対立したのである。社会現象の予想はいったん知られ、公に出回ってしまえば、問題の現象を変えることしかできなくなる。世論調査は、民意に民意の状態を知らせることで民意を変える。次の世論調査では、歴史に従う者もあり、大衆に向かう者もある。前回の調査の勝者を支持する者もいるだろうし、あるいは、モンテスキューがすでに分析したように、前回の敗者の側に移ることでバランスを回復させようとする者もいるだろう。こうした効果を回避するために、長い間、選挙に先立つ何日間かは世論調査の発表が禁じられてきたのである。

さて、ハーバート・サイモンはこのように問題になっている議論に反論しようとする。[24]彼は、ここで描写されるプロセスはつねに「固定点」を含んでいることを証明した。すなわち、世論に世論の状態を伝えるとき、ある安定した世論が存在するということを証明したのだ。サイモンはこの問題をさらに突きつめて、一般的に複数の固定点があることを示したのである。その結果、もし世論調査機関が、自らの現状を知らされた世論の姿と予言が一致するようなある固定点に身を置き、予想をしようとすれば、一方を選ぶより他方を選ぶことで常軌を逸するほどの世論を操作する権力をほしいままにするだろう。しかしよくよく考えてみると、この権力は、もし世論調査機関が、調査がより適切に映るために、世論にあるがままの状態を知らせようとしても、固定点に身を置く場合に劣らないほどの力を持つ。世論の現状を人々が知ったときの反応の影響を世論調査機関は知っているにもかかわらず、それを考慮しないという選択をしたとしたら、それは客観性という覆いの下、定められた方向に世論を進展させることになる。調査を公開することは正確性という点において、あるいは中立性という点において、調査内容を裏切ることになり、人々の意志の問題を決定不可能なものとしてしまう。まさにこれが、「人民が十分に情報をもって審議するとき、もし市民が互いに意志を少しも伝えあわないなら、わずかの相違がたくさん集まって、つねに一般意志が結果し、その決議はつねによいものであるだろう[25]」というルソーのパラドクサルな格言に意味を与えることになる。今日意思疎通《コミュニケーション》のない情報を思考することは、非常に矛盾しているようである。

多くの政治学者を信じるならば、民主主義は世論調査という実践を得たことによって科学となったそうである。恒久的な被調査者として、自らの意見を通していつでもリアルタイムに一般意志の状態を知らせることが可能な情報化された民主主義を夢想する者もいる。しかし、世論調査の再帰的循環がもたらす自らに対する、そして最終的には選挙に対する決定不可能性が、この科学的楽観主義の立場を危うくする。

行為遂行的《パフォーマティヴ》な予言

いったん、聖書の預言者たちの問題に戻ることにしよう。彼らは、しばしば奇人扱いされるものの、確かに並外れた人物であって、人々はその存在に注目せずにはいられない。彼らの預言が、単に人間的・社会的な理由で、世界と出来事の推移に影響を与えるからだが、それのみならず、人々が預言者の言葉を主の言葉として信じているからでもある。直接聞き取ることの叶わない神の言葉は、預言の内容を到来させる力を持っていると人々は信じている。[*26] すなわち預言者の言葉は行為遂行的《パフォーマティヴ》な力を持っていると今日ではいえよう。それは、何かをいうことで、それを存在させることになる言葉の力である。預言者はその力を理解している。預言者はいわば革命家と同じ力を持っているのだ。革命家は、自らの望む方向に事態を変化させるために言葉を発する。この場合、預言の運命論的な側面は忘却されてしまうだろう。つまり来るべき出来事はすでに、歴史という不変かつ不可避の巻物に書かれており、預言はそのとおりのことを述べるという運命論的な側面である。たとえば「エレミヤ書」には次のように書かれている。「クシュ人は皮膚を／豹はまだらの皮を変ええようか。／それなら、悪に馴らされたお前たちも／正しい者となりえよう」（一三章二三）。

革命的予言は、聖書的預言を特徴づけている運命論と主意主義（volontarisme）が混淆する大いなるパラドックスを受け継いでいる。なかでもマルクス主義は強烈に心をとらえる例となっている。マルクス主義についてハンス・ヨナスは、自らの形而上学の出発点がわれわれのそれと変わりないことを示す。

マルクス主義は合理的な基盤の上に世界史の予言を行う。同時に、あらねばならぬ状態を、あったはずの状態と独特の仕方で等値することによって、政治的意志に一定の目標を課す。こうして政治的意志は、世界史の理論であらかじめ認識された真実〔予言された未来像〕が政治的意志に動機を与えたことによって、理論が確証されるための一大要因として自ら機能することになる。このような政治的行為、あらねばならぬ状態を実現する政治的行為にとって、未来への巨大な責任と決定論的な責任不在との奇妙な混合物が誕生する。[*27]

聖書の預言は、一般的に、この〔あらねばならぬ状態とあったはずの状態の〕等値性のことはよくわかっていた。このことは選挙についてのハーバート・サイモンの例でも見てとれる。彼は問題の固定点を探す。主意主義なら固定点を達成し、運命論ならそれを課す。聖書の預言はそれ自身に含まれ、預言が宿命として告げる内容が実現されるのを預言は目撃する。預言者が破局を告げるとき、彼は、それを脅威のような罰として提示するのではなく、一つの決定因子として、預言そのものとして、そしてたとえば預言を聞いた人々がいかなる後悔もせず行いを改めないという事実がすでに書き込まれている目的論的歴史の成就として提示する。その点ヨナと同時代に生きたアモスの預言は際だっている。アモスの預言のほとんどは糾弾、滅亡や災禍の警告である。しかしながら、不吉な預言を希望の預言へと変容させるハッピーエンドに達するために、まるで預言による救済が考慮されているかのように、少しずつ、より寛容な宿命が開かれていく。アミタイの子ヨナの例はより厄介なものを含んでおり、彼への注目を促すのである。すでに私も使いはじめている形而上学的論理によれば、固定点のない問題を解くことは彼にはできない、ということになる。ヨナの預言内容がいかなるものであっても、それは成就されえない。彼がニネべの民の悔恨や改心を預言しても、それが起こらないことは明らかである。さらにニネべの民の滅亡を預言しても、その滅亡が起こらないことも彼は自覚しているのだ。いずれにしても、内容を決めるのはヨナではない。彼は伝達者に過ぎない。しかし、預言者の背後にいる神自身は、このダブルバインドから逃れることはできないように思われる。

二〇世紀の予言者であるハンス・ヨナスも同様の状況にいる。彼は生起してほしくない破局が生起しないために予言をしたいと考えている。形而上学の次元で失敗しない限り、倫理の次元でうまくはいかないのである。彼の問題は、固定点がないということだ。それでも私は彼のために固定点を一つ見出せることを示したい。

「固定した」未来と「開かれた」未来

ヨナスのジレンマは、遠目に見ると、錯綜を極めている。私としては一般的な問題、すなわち、歴史の終わりと自分たちがみなす未来のある一点において、予言も効果として関与する現象群の因果的な連鎖と、不可避の宿命の展開とを交錯させる予言者たちの問題へと立ち戻りたい。読者はすでに、フォン・フェルスターの定理を扱った際に、似かよった状況に出会ったことにお気づきだろう。しかしそれは経済の問題であった。この問題は、合理的な学問である形而上学が提供する思考法によってあらためて扱われるべきである。この問題は、まずは社会学理論、次に経済学理論によって、自己成就的予言（*self-fulfilling prophecy*）という概念が知られることになった。これは真実という装いをした未来に関する表象である。真実というのは、最初からそれが真だからという理由ではなく、真実を共有する人々に、少なくとも未来の現実との一致という関係において、複合的に、それを真とする反応を引き起こすためである。自己成就する物価上昇率というのは、この数字を基準に各自が経済的な計算を行うゆえに、この枠組みに回帰するのである。私が明確にしようとしているパラドックスは、自己成就的予言の図式がとる形式のうちの一つでしかない、と人はいいたくなるであろう。しかし、それでは再帰性という決定的な要因を欠くことになるだろう。私がその状況を描写しようとしている予言者は、自分の予言の内容を調節する際にここで述べてきたことすべてを知っている。つまり彼は未来が、自己成就的予言の図式に従って実現することを知りつつ、未来を予言する。この最後の議論の論理は、容易に伝統的形而上学の枠組みにおいて描写されてしまうものである。[*28] 予言者が告げる未来の状態についての予言者の明晰さによって導入された補完的な再帰性の度合いが、まったく別の形而上学にわれわれを転換させる。ここでは、その形而上学を追求していることを示してみたい。

予想される未来は一方で運命の結果であり、もう一方で、未来を予想し、その予想が公共に知られるという事実によって、われわれが未来の原因となって働きかけているのだという二つの事態を同時に信じられるだろうか。[*29] 事実、一つの主体に対してこの二つの信念が両立することにいかなる障害もないのである。デヴィッド・ルイスが導入した用語を用いると、第一に未来は少なくとも部分的には主体の行為に因果的に依存し、第二に未来は主体の行為とは反実仮想的に独立している、と主体は考えている。

この二つの信念が矛盾なく両立可能であるとすれば、それにより、因果的依存と反実仮想的依存の間に小さな領域ができる。たしかにこの二つの依存関係は同じようなものとみなされがちである。このとき、一方がもう一方を互いにもたらすのだと結局考えることになる。このような仮説を「因果論」と呼んでおこう。先にデヴィッド・ルイスが描いた形而上学、すなわち時間の伝統的形而上学が、この因果論の基盤となる。現在の行動は過去に対して影響を及ぼしえず、したがって過去は反実仮想的に現在に依存しない、と考えている。さらにわれわれは、現在の行動は未来に対して影響を及ぼすことができ、したがって未来は反実仮想的に現在に依存している、と考えている。次に「反実仮想的に依存しない」とか「反実仮想的に依存する」といったわかりにくい表現を、「固定した」と「開か

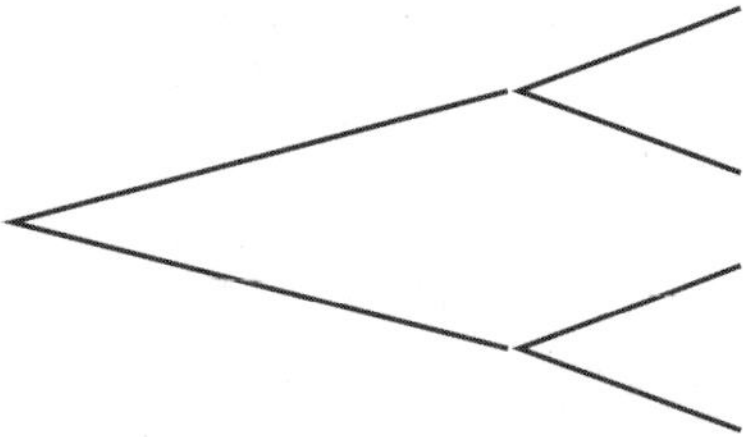

八岐の園（小道の枝分かれする庭）としての時間、あるいは歴史の時間

れた」という表現で置き換えることにしてみよう。伝統的形而上学では、過去を「固定した」ものとみなし、未来を「開かれた」ものと考えている。この「固定性」と「開放性」は反実仮想の力と同じ効用があるが、必ずしも因果性の力とは同じではない。

固定した過去と開かれた未来――これは時間に対して「自発的に」思いつく発想である。しかし見ていくように、あらゆる場合にその発想が適用されるわけではない。いずれにしてもこの発想にふさわしい形式は、戦略家や戦争司令官にとってはおなじみのものである。それは「決定木」と呼ばれるものである。

この図においては、時間が可能態のうちの一つを選ぶとき、複数の可能態はあらかじめ存在しており、この選択の瞬間にも存続している。しかしこのときから、無限の樹形図において時間が描く経路のどの点においても、生まれ落ちたときから死のときに至るまで、一人の人間が行う足跡があり、ボルヘスによると、この足取りが「不可思議な模様[*30]」を描くのである。ボルヘスの詩的な才能は、この時間に「八岐の園[*31]〔小道の枝分かれする庭〕」という忘れがたい名を与え、デヴィッド・ルイスも、時間とは八岐の園であるという表現をどこかで用いている。「たがいに接近し、分岐し、交錯する、あるいは永久にすれ違いで終わる時間のこの網は、あらゆる可能性をはらんでいます」と「八岐の園」というスパイ小説の主役の一人が説明する。「時間は永遠に、数知れぬ未来に向かって分岐しつづけるのですから。そのうちのひとつでは、わたしはあなたの敵であるはずです」。

因果的非依存かつ反実仮想的依存の事例

私が描写した預言者の状況に立ち戻ることにしよう。預言者は、自身が、少なくとも部分的には、未来の原因となる預言をしたと信じているので、未来を固定したものだとみなす。したがって、預言者は因果論を侵蝕する。これは形而上学的には誤りだろうか。

必ずしもそうではない。たとえ因果的な依存関係が欠落していても、反実仮想的な依存関係は存在しうるという命題は、一貫性を与えることのできる無数の例によって確認される。そのうちの一つを次に例示してみよう。二〇〇一年九月一一日の朝、ある男がボストンで飛行機に乗り遅れたことは、事実ではないとしても、苦もなく想像することができよう。心理学的な観点からは、彼が恐れおののき、そして一生恐れおののくかもしれないという想像もできないわけではないだろう。なぜなら、彼なら「もし飛行機に乗り遅れなかったら、世界中が目撃した忌まわしい状況のなかで私は死んでいただろう」と考えるからである。彼がこのように推論するのを正当化するのが、因果論的な仮説である。私が飛行機に乗り遅れようがそうでなかろうが、そのことは悲劇の進行にいかなる因果的な影響も及ぼしえず、いかなる反実仮想的な影響も及ぼしえないと、彼の立場に立ったわれわれは推論する。したがって、私が飛行機に間に合ったとしても、悲劇は同様に起こったわけであるし、私も犠牲者の一人として数えられるだろう。しかし、この推理は不当であり、この推理が間違っていることを示す説得力のあるシナリオを構築することは可能なのである。[*32]

因果的依存かつ反実仮想的非依存

因果的依存関係が、逆に、反実仮想的な非依存でもありえるという命題は、まさにわれわれが一貫性を与えたいと考えている状況である。この点で、この課題は注意を要するものである。[*33] しかしながら次に示すのは、われわれの主題にとってその重要性が明白な——というのもこれまで宙づりにしてきたいくつかの手がかりを結びつけてくれるだろうから——例証である。

「完全」市場の理論家たちは、物価は固定したものであり、生産者と消費者すなわち経済主体の行為とは無関係のものだとみなす[*34]。彼らの行動は、その経済を構成する財に関する需要と供給によって決定される。同時にエコノミストたちは、このまさに同じ需要と供給の市場での突き合わせによって価格が決定されると説明する。はるか昔、マルクス主義経済学者たちは、この仮説のたわむれの「矛盾」を暴くことがよいことだと信じていた。彼らにしてみれば、経済主体に、価格形成の因果的な力を与えることと、もう一方でその力をよくわかっていない経済主体が、彼らが原因で作られたものを固定したデータとして見ていることに一貫性がないのである。マルクス主義はこの「ブルジョワ経済」の矛盾を、そのまったき疎外の反映としか解釈できなかったのである。市場の理論家たちは、彼らの目には固定点を探していることでしかないものに〔マルクス主義経済学者たちが〕矛盾を見出せることを嘲笑していた。

　経済主体が価格を固定したものとみなすという仮説はたしかに矛盾を孕むものではないが、その仮説はエコノミストが見るような陳腐さにあふれているわけでもない。今日一般的には、経済理論、合理的選択理論、ゲーム理論などが、「均衡」という語によって指し示す事柄は、合理的機械論におけるこの語の語源とはまったく関係のないものである。少なくとも二人以上の主体が関わる場合の決定の問題というのは、鏡同士の反射という現象

――自分が考えていることを相手も考えており、互いに対峙しているという現象――を表舞台にさらす。均衡とは、この潜在的な無限の衰退をどこかで断ち切る方法に対応している。物価の固定性〔主体の行為に価格は関わらない〕の仮説と共に、市場理論は、不景気が終わるのは物価の水準であるとする。しかしこの理論は、その鍵となる仮説を決して基礎づけることはなかった。経済学者は一般的に、主体は彼らの行動によって価格に目に見えるほどの影響を与えるには力がないと述べることで満足していた。それ自身議論の余地があるものの――たとえば、消費者は連帯して生活協同組合や労働組合を結成することができるだろう――この正当化は、経済学者が躊躇なく（そのことに気づいてさえいない）因果論的仮説を適用するという事実を明らかにしている。物価の固定性を正当化するために、彼らは、経済主体が物価に対してわずかな因果的な影響力、ざっと見積もっても無視できるような影響力しかないことを説明しなくてはならないと考えている。彼らは、われわれの関心の対象である情勢を見極めていないのである。経済主体は物価に対して因果的な影響力があり、経済主体は物価を固定したものと考えている、この二つを同時に矛盾なく措定することは可能なのである。しかしもちろん、「固定している」という語を、物価は彼らの行為から反実仮想的な影響を受けないという技術的な意味において用いた場合である。

ここで、フォン・フェルスターの定理がわれわれを困難から救出する。というのも、フエルスターは件の情勢を基礎づけるからである。実際、彼が厳密に述べるいくつかの条件下では、経済主体の思惑通りにはいかないシステムにおいては、次の反実仮想的条件文の命題に客観的な根拠を与える。「たとえば、ある財に対する供給を増やすなどして、別様に振る舞っても、物価全体はそれによって変わることはないだろう」。この命題は、経済主体が物価に対して因果的な影響力があり、そのことを自覚しているという事実と両立できないわけではまったくない。

このような経済主体は、マルクス主義的な意味で「疎外されている」と人は叫ぶだろう。だが、必ずしもそうではない。経済主体はまるで自身がこの意味での疎外にさらされているかのように振る舞うことを選択できるのである。ではなぜそのように振る舞うのだろうか。繰り返しになるが、経済主体は、調和せざるをえず、他人が彼らのやっていることを知っているということを知らなくてはならないので、その結果、無限に続く鏡の戯れに沈没してしまうが、その戯れに終止符を打つ一つの方法を選択せざるをえない。この鏡の戯れを止めるもくろみは、諸変数の戯れの固定性という共有された仮定のなかにこそある。明快に、確信犯的に、彼らは取り決めとしてこの変数を固定したものとみなしており（彼らの行動と物価の変動は反実仮想的に無関係という意味である）、他方、彼らは自身が物価に影響力を持っていることを自覚している。私はこういった情勢が矛盾に満ちているとは思わない。これは完全に思考可能なことである。この情勢に基づいて、今日の経済思想のなかにすっかり市民権を得た「調節の取り決め」の概念を基礎づけることができる。[*35]

因果的な依存は、反実仮想的な非依存と両立しうるということを示すには、この例を挙げるだけで十分だと思われる。これは、今度は、より複雑な時間性の問題に立ち戻るための足がかりとなるだろう。この問題を離れる前に、市場経済のいかなる理論家も、物価の固定性の仮説と経済主体は自由意志を備えているという仮定との間に、小さな矛盾すらも見出さなかったことを指摘しておこう。経済主体は、固定されている物価に対して、彼ら自身の選択を決定できるから、物価の固定性がその意味を持つのは、まさにその反対の場合である。すなわち、経済主体が、何をしようと、彼の決定の根拠となる物価を変えることはないのである。

二つの時間性——歴史の時間と投企の時間

時間という要素を介入させる選択の諸問題において、経済主体が過去を固定したものとみなしているという仮説は自明である。[*36] 彼らは、過去を、彼らの行動とは無関係なものであると反実仮想的にみなしている。形而上学においては、この仮説は過去の固定性の原理として認められている。過去は固定しており、未来は開かれている。これが先に描写した、小道が枝分かれする庭〔八岐の園〕としての時間である。詩的な着想からこの形而上学を引き離すために、私はこの時間性を歴史の時間と呼ぶことを提案したい。この表現は今後本書でも用いられることになるだろう。

歴史の時間において、それぞれの主体は、固定しているとみなされている過去に対する取り決めに応じて、互いに調節しあう。本当のことをいうと、この取り決めは一つではないそうなのだが、それほどこの取り決めが「当然のごとく」見えるのである。われわれが過去を固定したものとみなしているからこそ、約束や責務、契約などが社会的つながりを根本的な構成要素とすることができるのである。もしあなたが私に貸すことを同意した借金をあなたに返済することを約束したら、未来における何ものも、私が約束したという事実を覆すことはできないであろう。過去の罪はある日ひょっとして赦されるかもしれないが、誰もその罪が起こらなかったことにはできない。全体主義政権がつねに「歴史を書き換え」ようとしている事態は、それらの政権が語る歴史はたんなる虚偽であるという明白な事実を補強するばかりである。

それでも私は、時間の別の概念の明証性が――そのなかでわれわれは、固定したものとみなされた未来をめぐって調整する――未知のものではないことを主張したい。このような時間の経験は、現代社会の制度の数々の特徴によって、容易になり、奨励され、組織化され、はては強制されさえする。たとえば、翌日の道路の混雑状況、次の選挙の結果予想、物価上昇率、経済成長率、温室ガス排出量の推移といった、近い未来がどうなるかを宣言する、多かれ少なかれ信頼に足るとされた声があちこちから聞こえてくる。予言者という名には及ばないものの予報士あるいは未来学者は、そして彼らと共にわれわれは、まるで天体に書き込まれているかのように告げられる未来を実行するのは自分自身であるということをよくわかっている。われわれは、形而上学的スキャンダルとみなされるようなものを前にして反抗することはない（ときには、有権者として反抗することがあるかもしれないが）。私が明らかにしたいのは、未来に関する調整の様相の一貫性である。

　市場経済の事例を分析する際に明らかになることが導きの糸となる。ある経済主体が未来を固定したものとみなしているという想定は、未来の一部が少なくとも因果的に、行為に依存していると考えていないということにはならない。同時に、現在の振る舞いとは別様に振る舞う自由があるということも意味していない。この点は注意を要するところであり、綿密な検証に値する。ここで、経済主体は未来を固定したものとみなす、つまり未来は彼の行動には反実仮想的に依存していないと仮定してみよう。いま、彼の推論において、未来は一定しており、彼は現在の行動を決めるために、彼が最もよいと判断するものを、様々なオプションのなかから選択する。あるオプションが、彼の目には明らかに、彼が見ている未来を因果的に生起させることを不可能にするようなものだと想定してみよう。この不可能性は、非存在という宣告を受けた世界が、次の瞬間に内破することを意味しているのではないか。もちろん、否である。このことが示すのは、経済主体が、いかなる未来をも先取りする自由がないということである。歴史の時間においても同様であることはいうまでもないが、制約の性質は異なるものとなる。ここまで見てきたように、予測とは、モデル化作業を通して、予言されたかどうかにかかわらず現象の因果的な連鎖をシミュレートする。ここで、ハンス・ヨナスが述べる、現在の状況を特徴づける倫理的なアポリアを喚起しておこう。われわれは、自分の選択が長期的にもたらす影響を想定する道徳的義務があるにもかかわらず、それを想定することができない、というアポリアだ。過去ではなく未来が固定したものとみなされている場合、未来の予測に課されている制約は、その予測された未来に対する反応が原因となってその予測に戻ってくる。歴史の時間は樹形図のかたちをしていた。いまここで描写している時間はループ状であり、そのなかで過去と未来は互いに決定しあっている。

投企の時間

私はこの新たな時間性に対して投企の時間という名前を与えた。この時間性は、ベルクソンの形而上学ほどではないものの、同じように重要かつ特異、ときにはパラドクサルな特性があるが、その主要な特徴は次のようなものである。すなわち、未来は固定したものとみなされているのだから、現在にも未来にも属さないいかなる出来事もありえない。この特徴についてはこれくらいにしておこう。

形而上学の歴史の頂点の一つは、その誕生からほど遠くない時期にあった。アリストテレスから少し後、ディオドロス・クロノスという哲学者が、哲学史においてマスター・アーギュメントと呼ばれることになる一つのアポリアを定式化し、行為の自由の条件に関して四つの原理が表明された。どれも常識に一致しており、格律として力も具えている。マスター・アーギュメントは、それらの原理がそれぞれ互いに矛盾していると結論する。問題は、これらのどの原理が犠牲にされるかを知ることである。第三の原理は「その実現が、現在でも未来でも決して起こらなかった可能態というものがある」というもので、より端的にいうと「実現することが決してない可能態はある」という原理である。[*37] 歴史の時間はこの原理を満たし、投企の時間はこれを否定するということは見てきた。投企の時間において、正しい原理は否定され、すなわち「あらゆる可能態は、現在においても、未来においても実現する」ということになる。

この点はわれわれの問題にとって決定的である。投企の時間において、倫理的思慮

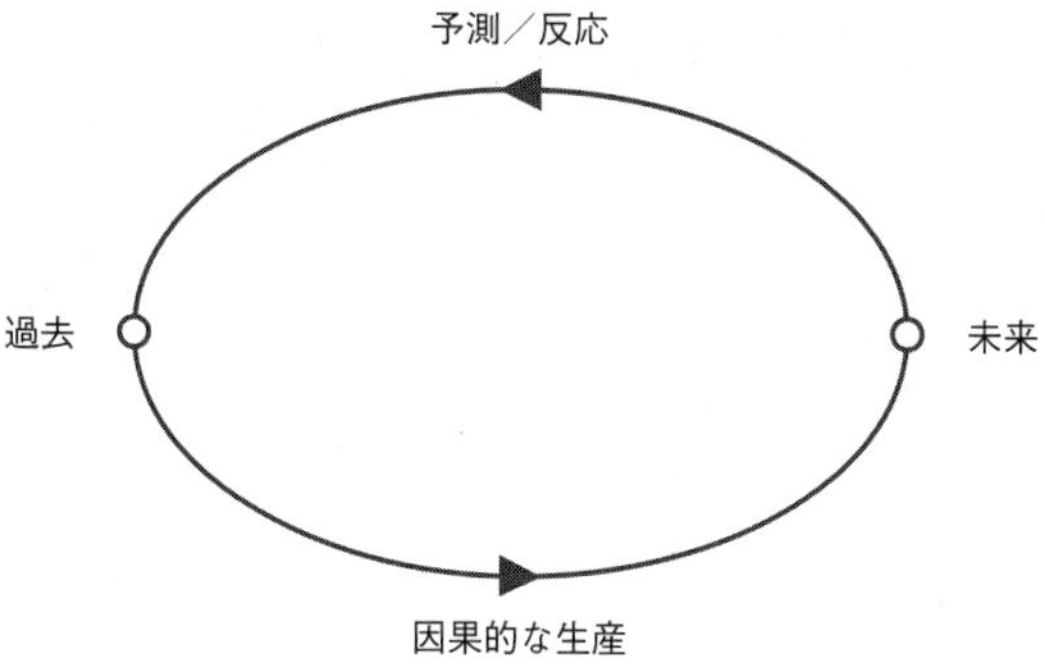

投企の時間

（prudence）は防止（prévention）というかたちをとることが決してないことが明らかになる。事実、防止とは、予想される望まれざる出来事は実現しない可能性だと想定しているのである。行動する口実を得るためには、それは可能態でなくてはならないが、もしわれわれの行動が有効に作用すれば、それは生起しない。望まれざる可能態は、たとえ実現されなくとも、現状の世界には属していない諸々の可能態が共有するある種の「リアリティー」を保持していなくてはならない。それこそ、「可能な出来事は、その結果の存在によって現実だと判断されるべきなのである」という『戦争論』での有名な格言によってクラウゼヴィッツが意味しようとしていたことなのである。さて、投企の時間においては、このようなものは一切見られない。ここに、倫理的思慮という発想が見えるとすれば、倫理的思慮は決して防止のかたちをとることがなく、このことはすでにわかっていることである。

「未来の記憶」。未来はかくある未来であって、そうなるであろう未来ではない。この美しい言葉は、投企の時間においてのみ意味を見出す。投企の時間を図示した環の上側にある矢印が、未来からやってくる合図をもたらすのだとヨナスは描いた。この矢印は予言の活動を反映しているのである。しかしここで注意が必要だ。これは現象の因果律に基づく連鎖をモデルにしたような予言、歴史の時間における予言とは違うのである。これは未来に対する影響に意識的な予言であり、固定したものであると同時に、少なくとも部分的には予言の効果によって引き起こされたものとして未来を告げる予言である。

投企の時間は固定した未来という仮定にもかかわらず運命論ではない。運命論でないというのは、この時間が、因果的連鎖が運命論を模倣し、「宿命の効果」を作る能力があることを知りすぎているからである。投企の時間はそれをもてあそぶ。投企の時間における自由の意味について立ち戻ろう。未来という状態の固定点にいったん戻ってしまったら、未来にも過去にも属していないことは不可能となる。この現状の世界の外側には、そしてそれを構成する時間軸の外側には、何もないのである。すべてが必然なのである。自由とは、それを見つける「前」に、すなわちまだ見つけていないループの固定点を探す者や集団の精神活動のなかにのみある。そこでは未来は「まだ」知られておらず、それは数学的に未知数を表す〈x〉である。知られていないにもかかわらず、まるでそれを知っているかのように、それに対してどんな作業でも行うことができ、そしてその価値を決定づけることができる。自由とは、精神にいかなる未来をも与えられるということであり、未来に先行しその所与に反応をする過去に対する結論を引き出せるということなのである。この意味においてこそ、未来が決まる前には、まだ必然ではないということができるのである。しかし、この「前」と「まだ」は投企の時間の外側にある。投企の時間においては、過去と未来が同時に決定されてしまうために、これらの表現から意味を奪うことになるからである。

投企の時間は形而上学的な虚構であるが、その一貫性を確立し、その整合性を示したいと私は考えている。しかし、「われわれ」の時間である、歴史の時間も劣らず虚構的なものである。形而上学においては、虚構を構築する以上のことはできないのだが、この虚構はわれわれにとって不可欠でもある。いずれにしても、因果的な決定論に従属した世界において、自由だとわれわれが考えることができるよう手助けする必要がある。

アリストテレス、ライプニッツ、カントは歴史の時間に関する驚くべき虚構を作り上げた。カントに忠実なアメリカ人哲学者クリスティン・コースガードは、それら虚構を次のように特徴づけた。「何を行うにしても、端的に、われわれの未来は決定されているという事実を知らないふりをする必要があり、自分たちがまるで自由であるかのように、なすべきことを決定しなければならない」[*38]。まさに、意志によって新たな因果的連鎖を始動させる能力を保持している限り、これらの虚構に従ってわれわれは行動できるのである。まるで自由であるかのように行動することは、「もしいまと違うように行動していれば、かくのごとき事柄が結果としてあらわれているだろうに」という反実仮想的な条件文についてわれわれが思考するようにいざなうことになる。

投企の時間[*39]という名前で私が構築した虚構は――この虚構を一貫した全体性として示した哲学者はいなかったが――様々な哲学者に由来するばらばらの要素を集積したものである。私はスピノザのことを考えた。彼にとって自由とは、必然性を肯定することであった。ベルクソン、もちろん、彼にとっては根源的に新しいものの闖入は過去に及ぶ様相命題の真実を変えるのである。あるいはハイデガーと彼の覚悟性（*Entschlossenheit*）という概念、それに付随する「宿命を選ぶ」能力について。そしてニーチェとその「意志の記憶(7)」について。最後に、サルトルと次の主張のことも考えた。「〔……〕有限であるとは、自己を選ぶことである。いいかえれば、他の諸可能を排除して一つの可能へ向かって自己を投企することによって、自分が何であるかを自分に告げ知らせることである[*40]」。

投企の時間という虚構では、サルトルの用語で述べれば、私は自分が本質として決定されているとみなしているが、その本質は未知のものである。私はいかなる可能世界においても、この本質に逆らって振る舞う自由はない。まるで自分の存在を選ぶことで自由にこの本質を選んでいるかのように振る舞うこと（「自己を選ぶこと」・「自己を決定すること」等はこのとき意味を帯びてくる）。私の実践的推論に使うつもりの反実仮想的条件文は、「退行的[*41]」なものである。「もしそれではなくこれを私がしたのなら、そのことは私の本質がそれではなくこれだったということである、という結果になる」。

市場経済理論における物価の固定性の仮説の根拠と意味に関する本書の分析が、時間の領域にその問題を転移させた際に、このことを教えてくれたのである。彼ら自身の行動の未来における結果を認識できず、宿命としてこの未来を凝固させてしまう主体の疎外は、固定したものとみなされた未来に対して主体が行う調節を容易かつ活発にする。さらに、この調節の様態は、ある場合において、望ましい特徴、少なくとも他の取り決めよりも望ましい特徴を持つことを示すことができると想定してみよう。そうすると、そこから宿命として凝固した未来は主体にとって、毒であると同時に薬ともなっていることを示したことになる。これが、新しい脅威にさらされたわれわれの置かれた状況に関して私が擁護したいテーゼなのである。

投企の時間においてあらゆる疎外の外側にわれわれは存在することができるし、ときにはそうしなくてはならない。望ましい共通のプロジェクトをめぐって国民や集団を熱狂させる集団事業の場合がそうである。私の知っている最適の例はピエール・マッセが発案したフランスの経済計画とロジェ・ゲヌリーが次の強烈な定式によって総合した経済計画である。「経済計画は、協議と研究によって、望ましくあるには十分楽観的で、その実現を生み出す行動を始動させるには十分信頼できる未来のイメージを得るということである」[*42]。この定式が投企の時間の形而上学においてしか意味を帯びないことにわれわれは容易に納得されよう。この定式は投企の時間の、過去と未来をつなぐループを完璧に描いているのである。調節するならそれは、未来の因果的生産とその自己実現的な予測との間のループを保障する未来のイメージを基盤に行われることになる。

人類の冒険の未来に重くのしかかる脅威の問題に対する破局論的な解決策のパラドックスに対する用意はいまや整っている。われわれが望まない固定した未来のかたちをとる否定的な投企について調節する必要がある。ゲヌリーの先の定式を、次のように変容できたらと思うのである。「科学的未来学によって、そして人類の終末を想像することによって、嫌悪の念を催させるには十分破局論的で、その実現を妨げる行動を始動させるには十分信頼できる未来のイメージを得るということ」。しかしこの定式から本質的な要素が抜けてしまう。事実こうした企てにおいて即座に、自己矛盾という致命的な欠陥があらわれるようである。望ましくない未来を避けることに成功したのであれば、われわれは調節して未来を決定したのだろうか。アポリアは完全なかたちで残されている。

12　破局論の合理性

もしここでわれわれが人間によって条件づけられている地球の自然の宿命について、未来からわれわれを見つめる宿命について思いを馳せるなら、それにふさわしい感情は恐れと罪悪感である。恐れというのは、ひどい現実がまさに予見されているからである。罪悪感というのは、この現実の連鎖の原因に果たす人間の役割をわれわれは知っているからである。

Hans Jonas, *Pour une éthique du futur*, *op. cit.*, p. 102.（強調引用者）

コレガコノ世ノ終ワリカタ
バント爆ゼズニススリ泣ク

T・S・エリオット「うつろな男たち」(8)

ハンス・ヨナスが不幸の予言者という装いをし、世界に向けて、来るべき破局を告げるならば、それは彼が、聖書の預言者たちのことよりも、カサンドラやラオコーンなどの古代の予言者のことを考えているからだろう。彼らの不幸は、人々に聞いてもらえなかったことであった。[*43] ヨナスの執拗な嘆きは、破局が未来に起こるものとして書き込まれているのに対して、それに見合うだけの十分な現実の重みをわれわれが与えていないところにあった。認識的にも情動的にもわれわれは来るべき不幸の予測に心を動かされていないのである。

将来の人間の運命、まして地球の運命をイメージしてみても、こうした運命は私に直接には関わりを持たない。愛の絆で、あるいは直接に生活を共にするという絆で結ばれている人たちにも、やはり私は直接には関わりを持たない。だから、このようにイメージされた運命が、それ自体でわれわれの心に、激しい恐れを引き起こすという仕方で影響を及ぼすことはない。だが、思い浮かべられた運命は、そういう影響を及ぼさなければならないのである。[*44]

道義的に要求される未来のビジョンの情動的側面についてヨナスは、「未来学者による事実的な知識はわれわれに、責任という意味での行動を促すにふさわしい感情を呼び起こさなくてはならない[*45]」と詳しく述べる。ここで扱うことはないが、ヨナスの存在論のあらゆる次元において上記の勧告と同様のものが見出される。来るべき世代の権利について、試練となるのは次のことである。

> 権利を持つのは、権利要求を掲げるもの、すなわち、すでに存在しているものだけに限られることである。〔……〕現に存在していないものは、権利要求を掲げない。そのため、その権利を侵害されることもない。〔……〕実際に存在する以前には、存在する権利などない。存在を要求する権利は、存在するようになって初めて生じる。だが、こうしたまだ存在していないものにこそ、われわれの求める倫理学はかかわっている。[*46]

したがって、このことは、止揚すべき試練を構成する不幸のイメージにふさわしい存在に、恒久的になれないということなのである。これはすでにイリイチの批判にも当てはまっていた。悪は不可視なものであり、仕事と他律という迂回の内部に隠されている。われわれの義務は、隠れているところから悪というものを狩り出し、白日のもとにさらすことである。

ニーチェによれば、自然は「約束することのできる動物」として「人間を育成する」ことを「逆説的な課題」として自ら課した。人間は「遥か先のことを現在のことのように観察し先取りする」ことを学んだという。[47] 投企の時間の形而上学のみが、この未来の現実化を説明しうるということを私は示そうとした。未来の現実化は、未来と過去をつき合わせ、両者を双子とする。歴史の時間では、効果的に防止された破局は、実現しない可能態となるが、それを現実世界の外部へと追い払おうとする意志を発動させるほどの現実的な重みを持たない。それは一種の存在論的な幻影となるのだ。ここで生じる防止の自己矛盾は論理学的には説明しえない。というのも、この自己矛盾が生じるためには意志と幻影という表象が必要とされるからである。未来の現実のなかに破局を厳然と書き込む投企の時間の場合、破局は、実現していない空虚な可能態群の総体のなかに居場所を見つけることができず、非存在のうちに消えてしまうという、今度は論理的な理由によって、その成功した防止は、必然的に消滅することしかできないのである。

アポリアについてのこの記述は、核抑止の倫理の有効性をめぐる議論の中心にある。まさにこの議論が可能な解決策の存在を明らかにすることになったのである。

相互確証破壊（MAD）という事例

私がこの主題をこれから扱うのは、予防原則がその遠い起源を、冷戦時代の論戦に見出すからではなく、単にこの議論が、形而上学的なアポリアに対する解決策をもたらすことを明らかにしたいがためだということは強調しておこう。さらに、デヴィッド・ルイスが、他のアメリカ人哲学者と共に活動的に「恐怖の均衡」という有名な論理の批判的思考を展開していることも偶然ではない。いくつかの最も重要な概念を彼が鍛え上げたのはこの題材と格闘していたときである。[*48]「恐れに基づく発見術」が本質的な役割を果たした領域があるとすれば、それは最も極端な狂気のために、最も洗練された合理的思考を磨き上げたこの領域にある。

私が述べたいのは、相互確証破壊（MAD）という論理、むしろ「相互脆弱性」とでもいうべき論理である。基本的な図式は単純である。各国は、他国を破滅させる報復手段を持つ、ということである。ここでは安全保障は、恐怖の賜物である。もし二国のうちの一国が自己防衛を強化したら、その国は自らの強さを信じることになるので、もう一方の国は、先制攻撃を予防するためにその国を攻撃するだろう。核兵器社会は脆弱であり、同時に強靭な存在となる。脆弱だというのは、他国からの攻撃によってある社会は滅ぼされかねないからである。強靭だというのは、社会は攻撃者を殺す前に死ぬことにはならないからである。社会を破滅させる攻撃の力がどれほどのものであろうが、それはつねに可能である。核抑止は、「冷戦」と呼ばれるパラドクサルな平和におそらく貢献したのだ。今日いまだに幾人かの精神を動揺させる問題とは、パラドクサルな平和が道義的に異常であったかどうかを見極めることである。「冷戦」が終焉したにもかかわらず、パラドクサルな平和はあいかわらず異常なのではないだろうか。それこそ完全に過去のものとなった古くさい考え方なのだと主張するのは上品に過ぎる。アメリカのミサイル防衛は、二〇〇一年九月一一日の悲劇が人類を転覆させたかつての世界ほど奇妙ではないものの、まったく別の世界へと導くのである。私は議論の最初の部分は間違っていると思う。「スターウォーズ」の世界は、冷戦よりも無限に危険であるが、ここはそれを議論する場ではない。[*49]私がここで関心を寄せているのは、核抑止に関する議論の形而上学的根拠だということを繰り返しておきたい。さて、その次の点に関しては、私は同意せざるをえない。恐怖の均衡が可能となる必要不可欠な条件は、当事者たちが、生きたいという最低限の合理性を備えているということであった。私が構築しようと試みる破局論的立場は、人類の智慧と合理性、すなわち自己保全の欲望をはるかに超える合理性に訴えかけるのである。これら仮説が今後無効であることが明らかになれば、人間の狂気に絶望するしかない。

あるフランス人戦略家は平然と次のようにいう。「我が軍の潜水艦は、半時間で五〇〇〇万人殺戮することが可能である。これだけでどんな敵であろうとも攻撃を思いとどまらせるには十分だと考えている」[*50]。震え上がるような談話であるが、この言語行為によって彼が表現する未曾有の脅威は、まさに抑止の本質である。たとえ甚大な被害をもたらす先制攻撃に対する報復攻撃だったとしても、五〇〇〇万人の無実の人を殺す行為ははかりしれない悪行であると多くの人は考えている。この行為をおかす意図もまた、巨大な悪ではないのか。もし私があなたを殺す計画を立てており、予期せぬ出来事によって私が罪をおかさない場合、私が計画を実行したときに比べて、罪が軽いといえるのだろうか。[*51]

道徳哲学はこの領域を明快に理解するために役に立つだろうか。この問題に対する答えが見つかるのはフランスではない。フランスでは哲学者と軍人は語り合うことはなく、国家の命運にとって根源的な問題の一つを決定する責任を政治に転嫁する。さらに、民主主義は、道徳的考察の欠如のアリバイとして機能するものの、投票という民主主義の儀式性は決して、合理的な議論にとって代わるようなことはない。したがってここでアメリカのほうに目を向ける必要があるだろう。

抑止論を支持する陣営の中心的な議論に耳をふさぐことは難しい。このことが、敵や味方のどちらにおいてもエスカレートしたあげく破局を導くようないさかいを避ける唯一の手段たりうる。それが冷戦時であろうとなかろうと重要なことではない。まさに抑止の事例である相互確証破壊の構造が回帰する可能性をだれも排除できないという意味で、われわれは決定的に無垢さを失ってしまったのである。一〇〇万人規模で殺戮しようという意図を拒否することは、因果的に考えてみると、敵や味方のどちらにおいても一〇〇万人規模の死者を出すには十分なことなのである。二つの行為の結果がとてつもなく大きいとき——ここでは人類の生存と自己殲滅を区別しうるのであるが——帰結主義の基準を適用しないのは無責任であろう。帰結主義の基準は、仮説に従って次のように結論する。

（1）pをしようという意図はよいことである。

このとき、pを「一〇〇万人規模の無実な人々に死をもたらすこと」とする。このとき、直観的に次のように考えるのは確実であろう。

（2）pは悪いことである。

伝統的な道徳に深く根を張っている次の原理を尊重するなら、矛盾に行き着くことになる。

（3）xが悪いことであれば、xをしようという意図は悪いことである。

哲学者グレゴリー・カフカによれば、これが、相互確証破壊のもたらす単純な可能性がわれわれを陥れるパラドックスなのである。人類の事件史において、（3）の原理に表明される共通道徳と、（1）を異論の余地なしとする帰結主義的合理性との葛藤がこれほど激しかったことはなかったであろう。抑止論の支持者は（1）が反論の余地がないとむやみに主張し、彼らの敵対者は（3）を支持する。どちらの説も部分的な真実しか表現していないというわれわれの懸念を、払拭できないのである。

（3）の普遍的な有効性は疑問視された。幾人かは、この原理は核抑止以外の場合はつねに正しいという据わりの悪い主張を支持せざるをえなくなる。pという意図には条件が必要だということを強調できるのであるが、アポリアはつねにそこにある。もし、私の力の及ばないところで諸条件が整い、私があなたを殺すという計画を立てた場合、私の意図の道徳的な状態は、それが無条件の場合の意図であっても同じであるといえる。しかし、敵側を踏みとどまらせるという意図は、普通の意味での条件を必要としているわけではないということは銘記しておこう。pを意図するまでに私を導いた諸条件は、私の力の及ばないところにはほとんどないため、pという私の意図に期待することは、まさにこれらの条件が満たされないことなのである。われわれの攻撃力は、五〇〇〇万人の人々を粛清するところにはなく、五〇〇〇万人の人々を粛清するようわれわれを導く諸条件が整うことを妨げることにある。踏みとどまらせるという意図は、「自己無効化」もしくは「自己矛盾」だといえる。

この議論は、核の黙示録におびえる者の苦悩を軽減させうるだろうか。仮にそうであるとして、大統領が核ミサイルのボタンを押すような状況に陥らないことが確かであると想定してみよう。しかしそのとき、抑止力はその効力をすべて失うことになるだろう。効力があるのは、実現は妨げられるものではあっても、最悪の可能性を排除しない場合である。そして最悪を可能にするという単純な事実は、それ自体で悪なのである。これが少なくとも、抑止論を敵視する陣営が主張することである。

脅威の到来に対する確信の欠如

われわれの手元にある概念を用いてこのジレンマを綿密に検証しよう。抑止が同時に効果的で道徳的であるためには、たとえば核の黙示録のように脅威がもたらすものが、可能であると同時に実現されない出来事である必要があった。たとえ生起しないことであっても現実世界に衝撃を与えるためには、この出来事は可能態でなければならなかった。しかし、もちろん、核の冒険が絶対的な悪へと至らないためには、この出来事は生起しないままとどまり続けなければならない。単純にこれだけが必要条件だということは銘記しておこう。この形式的な構造は、抑止のそれと同じである。さて、人類の産業・経済発展を標的にする破局である核の脅威の場合、防止や効果的な抑止にとって大きな障壁となるのは、生起しないけれども可能であるという現実を、人々が信じていないことなのである。破局は信じられないものなのだ。

抑止論が拠って立つ核の脅威が起こりうるのかどうか確信に欠けるという問題は、この主題に捧げられた戦略的・技術的思考の本質である。この議論をここで私が要約するのは問題外である。というのも私に興味があるのは形式的構造のみだからである。核の脅威の実現に対する不信感の原因は、これまで長い間分析してきた気象的・衛生的・経済的・産業的な破局と本来的に異質のものである。一方では、国家あるいは集団的な主体が核の恐怖を盾に恫喝するが、これはある意図から帰結するものである。もう一方の場合には、破局は、どこからともなく到来して犠牲者に対して、運命的な事故を引き起こす。さて、意志が満たされない場合に、敵に対して致命的で自殺行為に等しい脅しのエスカレートを行う主体に、最低限の合理性がありさえすれば、決断を迫られたとき、すなわち敵地を一部破壊した先制攻撃の後に、主体は決して脅しを実行に移すことはしない。相互確証破壊の原理自体が、恐怖の均衡が崩れた場合、相互破壊を保障することだからである。先制攻撃を受け、防衛すべき国土が荒廃してしまった国家の元首は、人類の冒険にとどめを刺すことなる復讐攻撃を行うだろうか。最低限の合理性を備えた主権国家群が構成する世界において、核の脅威は絶対的に信じるに足りないものなのである。

この段階に来ると、抑止に関する議論は、以下のことをわれわれが発見した後の状態とまさに同じだということになる。つまり防止とは別の戦略を必要とするのは、科学的だろうとそうでなかろうと不確実性なのではなく、破局の信憑性の欠如だということだ。

次の段階が決定的に重要である。相互の脆弱性に基づく戦略の支持者でも最も慎重な人々が、抑止の意図の概念の完全な構造を作り上げることが必要だと理解したとき、その段階は越えられた。しかしながら、この概念が非常に厄介なのは、見てきたように、つねに自身を否定してしまうというリスクを抱えているからである。討議であらわれた革命的な着想とは、意図的な行為としてではなく、運命として偶発事故として、脅威を敵に見せなくてはならないということであった。新しい学説によれば、核兵器保管庫が単にあるだけで相互の脆弱性の構造が作り出され、意図や行動理由などとは関係なく、敵を際限なく用心深くさせるのである。結局、虎をからかってはならないのだ。ここで合理性についてまだ述べることがあるとすれば、それは、哲学者のスティーヴン・P・リーが書いたように「主体が奈落の底を凝視したり、淵に決して近づいたりしないように決心させる合理性[*52]」なのである。制御できないほどエスカレートしてしまった事態の勃発は、したがって抑止の方程式になくてはならない要素となったのだ。このことが、われわれの問題にとっていかに有益であるかは推定されよう。「実存的な抑止」といわれるこの学説があれば、核の脅威と気象的・衛生的・経済的・産業的破局による脅威とを区別する差異は霧消する。どちらの場合においても、悪は運命のかたちをとる。

抑止のパラドックス

バーナード・ブロディーは合衆国でもこの学説の最も慧眼なる擁護者である。次の引用は一九七三年に書かれたものであるが、彼の思考を完璧に要約している。[*53]

核抑止が実際に機能し、さらに順調に機能するようにさせた本質的な要素の一つは、抑止の結果もたらされるかもしれない甚大な危機への恐怖であることは、われわれの時代の奇妙なパラドックスである。このような状況下において、われわれは宿命に挑もうとはしないのである。もし核抑止が核攻撃に対する防衛という役割において一〇〇パーセント効果的であることをわれわれが絶対的に確信しているのであれば、これまで行われてきた通常の戦争に対する抑止価値は、ほとんどなくなるか、あるいはゼロにまで下がってしまうだろう。

一読するだけでも、この説明は、苦もなく把握できるだろう。完璧な抑止とは自己矛盾的であるが、不完全な抑止は効果的たりうるということが理解される。それでも私は、この二重のテーゼが伝統的な実践的合理性の枠組み、すなわち、確信、欲望、意図、決定の枠組み、いってみれば戦略という用語において、証明されえない（そして道理にかなう方法では表明されえない）ことを主張したいのである。バーナード・ブロディーの二重のテーゼは、別の形而上学を、時間性に対する別の発想——要するに投企の時間——を必要とするのである。

完璧な抑止が機能したときに自己矛盾するというテーゼから始めよう。これは歴史の時間、すなわち戦略の時間においては、重大な形而上学的誤謬をおかさずには弁護しえない。その誤謬とは、現実化していないものから不可能性を引き出すことである。これは、核抑止の推進者たちが、「私は決してボタンを押さないだろう」という事態から「私がボタンを押すのは不可能である」という事態へとひそかに移行したときにまさに彼らがおかさざるをえない誤謬である。彼らは核抑止の批判者から、受け入れがたいことを可能にしていることで非難されている。歴史の時間では、抑止が完全に機能したら、黙示録的脅威は実現しない可能態であり、この可能態は現状の世界に対して抑止的な効力を発揮し続けるのである。もしそうでない場合は、それは脅威が自己矛盾するからではなくて、恐怖をもたらす可能性であるところの脅威が信ずるに足りないからである。歴史の時間において私が照準を定めた推論の誤謬は、こうして、核抑止の批判者によって時間の流れのなかで、先行した二つの重大な議論を混同することへと立ち戻る。すなわち、一方では、脅威の確信の欠如、もう一方では順調に機能した抑止の自己否定である。この二つの議論は、異なる形而上学の基盤の上に立っている。

反対に、投企の時間においては、実現しない状態から不可能態への移行は誤謬ではない。というのも、そのことが投企の時間にふさわしい形而上学の基本的な特性の一つだからである。現在においても未来においても、存在しないものはおしなべて不可能態である。したがって、投企の時間においては、順調に機能した、すなわち、脅威の実現を非存在の領域へと放逐したあらゆる抑止や防止は、まさに順調に機能したという理由で、自ら消滅しているのである。順調に機能したあらゆる防止は必然的な結果として、無駄に見える。というのも、それは存在しない悪を追い払うためになされているからである。[*54] 歴史の時間において際立った詭弁としてあらわれたものは、投企の時間において有効な論理展開となったのである。

この結論は、われわれの道のりが導いたアポリアとまったく変わりがない。われわれは投企の時間の形而上学を根拠に破局論を基礎づけようと望んでいた。望ましくない未来は固定されているのだという考えと折り合いをつけるという動機からである。未来の破局が生起しないために破局的未来を選び取るという、否定的な投企、あるいは反投企は、われわれの目には必然的に矛盾したものとして映る。というのも、もし順調にいけばわれわれはその未来を選ばずに、未来に書き込まれていないという理由で不可能である出来事を選ぶだろうからである。

ここでバーナード・ブロディーが提唱した第二のテーゼに立ち戻ろう。それは抑止に効力を持たせる効力の不確実性である。このテーゼこそが、信憑性の欠如と自己無効化との間に閉じこめられ、袋小路のなかで身動きできなくなってしまった抑止の学説をそこから脱出させたのである。その出口となったのは、脅威の信憑性と安定性を同時に回復させた、不確かなこと、偶発事故あるいは偶然だったのである。事実、この不確かさの形而上学的様態をめぐってあらゆることが繰り広げられるのである。

一般的な抑止の問題の戦略的解決策として偶然や不確実性に頼ることは、とりわけゲーム理論のトーマス・シェリング[*55]によって有名になった古い着想である。シェリングはある意味でその証明も行ったのである。その着想とは、この話題について不確かな状態に敵を放置することで、ときには非合理性を模倣するほどに合理的になれるということである。[*56]

当事者たちが何度も対峙するよう運命づけられているならば、一方では、ならず者とか、どんなことでもやりかねない怖いもの知らずという悪名をとるだろうし、もう一方では、相手が見せかけでやっているという疑いがあったとしても譲歩することになる。こうして、脅威は、信用に足るものとなり、抑止効果を具える。こうした鏡の戯れはおそらく魅力的に映るだろうが、相互に脆弱な状況においてはいかなる結果ももたらさない。この「戯れ」一は、構造上、一度しか行われないものであり、その一回さえも多すぎるのである。

戦略的不確実性が、ブロディーの念頭にあった解決策ではないことは明白である。抑止が失敗し、脅威を実行する状況になったとき、相互確証破壊のいかなる当事者も、くじ引きやロシアン・ルーレットに決定の判断を委ねようとはしないだろう。結果として、その当事者は譲歩する。

戦略的不確実性は当然のことながら、歴史の時間の形而上学の枠組みのなかにその居場所を見出す。したがって、この長い道のりの出口の選択肢として残っているのは次のことだけである。すなわち、投企の時間において不確実性がどうなるかについて検証することである。私はこの選択肢は正しいと考える。

投企の時間の形而上学による合理的な破局論

不確実性という手段によって、抑止を効果的にするための機会を得るためには、戦略に頼ることをあきらめて、何も選択しないという選択をする必要がある。しかしこの定式は十分に正確ではない。この定式は、ある血迷った戦略家がある日その計画を考え、スタンリー・キューブリックがえもいわれぬ『博士の異常な愛情』で銀幕に映した、かの有名な「黙示録的機械」の様態において解釈されうるであろう。トーマス・シェリングが理論化したというこの原理はごく単純である。核反撃を自動化することによって互いに縛りあうというものである[*57]。しかしこれもまだ戦略の域を出ない。バーナード・ブロディーは、たとえ、それが解き明かされることのない謎となるにしても、別のことを入念に述べるつもりであった。彼もまた、宿命や運命を招喚したのである。とはいえ、「もしお前が私を攻撃するなら、私が何もかも台無しにするのは避けられない」という条件文によって描写される条件的運命のことではない。その場合、まだ志向性のなかにいる。ここで必要な運命とは無条件的なものであり、ありそうもない運命なのである。黙示録は未来に書き込まれているかのようであるが、それが生起する確率は、ありがたいことに、非常に低い。相互破壊から宿命を引き出すことになる解決策、これはリスクのある戯れではあるものの、倫理的思慮という観点から見ると正当化されうるものである。なぜなら、抑止が自己矛盾を免れたときにのみ不完全に有効となるからである。これらの観念は意味をなしているように見えるが、これまで適切に概念化されてこなかったことは明らかである。投企の時間の形而上学こそ、これらに必要な厳密さを与えられるのだということを私は強調する。ここでは最後に覚え書きとして何点か記しておきたい。[*58]

まずは形式的な観点から物事を考慮してみよう。この場合、投企の時間において未来を過去につなげるループはどのような固定点において結ばれるのかを見極めることが重要である。破局は固定点とはなりえないことは明らかである。私が先にその正しさを確かめたヨナのイメージに基づくならば、破局が過去へと送る合図は、破局的な未来の生起を妨げる行動を始動させるであろう。これが完全な抑止の自己矛盾なのである。未来から来た合図が、自らの源を無化するものを始動させずに過去に届くためには、未来に書き込まれた、ループの不完全さが残存する必要がある。先に私は、合理的な破局論の格律となりうるものを述べるために、ロジェ・ゲヌリーがフランスの経済計画がかつて抱いた野心を描写した際の定式を紹介した。すなわち「科学的未来学によって、そして人類の終末を想像することによって、嫌悪の念を催させるには十分破局論的で、その実現を妨げる行動を始動させるには十分信頼できる未来のイメージを得るということ」である。私はこの格律が表明されるやいなや自己矛盾に陥る、ということをここに付け加えた。望まれざる運命を回避するために、この格律をどのように修正すればいいのかをこれから見ていきたいと思う。

修正した格律は次の通りである。「近く起こる事故について、科学的未来学によって、そして人類の終末を想像することによって、嫌悪の念を催させるには十分破局論的で、その実現を妨げる行動を始動させるには十分信頼できる未来のイメージを得るということ」。

この事故の起こる確率を計量化することができよう。この確率 e は、定義上、低い、あるいは非常に低い。それに先立つ説明は簡潔なものである。抑止がうまくいかない確率が e であるから、抑止がうまくいくのは $1-e$ という確率である。同語反復だとみなされうるもの（それは歴史の時間においては明らかにそうである）は、ここではそうではないのだ。というのも、先の命題は、$e=0$ のときには当てはまらないからである。[59] 厳密には正の値である e の確率で抑止がうまく機能しないという事実は、未来に破局を書き込むことを可能にし、この書き込みこそが、抑止が効果的に機能する確率をおおよそ e に近いものとする。これがまるで誤謬と誤謬の欠如が枝分かれした二つの枝をなしているかのように、抑止の効果を救うのは、e という確率の誤謬の可能性であるというのは、まったく不正確なことだということは述べておこう。投企の時間には、枝分かれするような道はないのである。誤謬は、一種の書き間違いのように、可能であるのみならず、現実態であり、時間のなかに書き込まれている。[60] 別様にいえば、われわれを救う機会を握っているものそのものがわれわれを脅かしているのである。私は、これが、ハンス・ヨナスが「恐れに基づく発見術」と呼ぶものの最も深い解釈だと思う。

人類は〈自然〉、〈技術〉あるいは〈時間〉と呼ばれる敵と相互確証破壊の戯れに陥っていない。もし、オイディプスのように、罪人を求めて人類が旅立つのであれば、行く末に出会うのは自分自身であろう。人間が互いに殺しあうのを回避させる自然的な媒介あるいは人工的な媒介の背後で、人類は自分自身しか相手にしていなかったのである。たとえ人類を脅かす害悪が宿命というかたちをとったところで、この歴史には、たった一人の主人公しかいないのである。この宿命は主体ではないし、宿命には意図がない。しかし、「相互確証破壊」という状況もまたまさに同じ構造を呈するのである。模倣的敵対心によって解きほぐしがたく結びついている双子という外見の下に、またもや人類であるところの唯一の俳優が、黙示録的宿命のかたちをとるものの、自身の暴力に他ならない暴力にとらわれている姿を見出すのである。双方の場合において、害悪は署名もされていないし、犯行声明もなされない。害悪には意図がないのだから。この悪だくみは、宿命が存在しないことを暴露するところにではなく、われわれが到来する事態の唯一の原因だということを念頭に置きつつ、宿命の犠牲であるかのように振る舞うところにある。この二重の戯れは、すなわちこの欺騙は、救済の必要条件なのだろう。

投企の時間は、過去と未来を、キャッチボールをする二つの分身のようにしつつ、自分自身へと解釈学的に閉じようとするループに時間を陥れる。しかし、聖書の預言のように、この結びは同時に開示でもある。時間は、予告された破局において結びを迎えるが、時間は継続する。これが、結びの先にある、生と希望の代補（supplément）である。われわれにとっての開示は、宿命というものが偶発の事故やおかすかおかさないかといったことはわれわれにとって関わりのない誤謬であることから生じる。それ以降、われわれは自分たちが、時限爆弾と一緒に船出したということを自覚する。ありそうもない運命として書き込まれたその爆発が生起しないかどうかということはわれわれにしか関わらないことである。われわれは永久に監視し続けるという罰を受けている。

「プログラムされた細胞自死」について今日持っている知識の基礎に基づいて、生物学者のジャン゠クロード・アメゼンは、生命は必要条件としてアポトーシス（細胞死）という恒久的な駆除を行っているという主張をしている。[*61] 彼によると生命の建設的な性格は、「抑圧の抑圧」、「否定の否定」として理解されなければならない。彼の主張は次のように表明される。「生命は、すなわち存在する出来事は、存在しない出来事の否定すなわち自己破壊から誕生するのである」と。

賢明な破局論とは、人類の継続的歩みを自己破壊の否定の結果としてとらえる思考である。自己破壊は、人類の未来に刻まれ宿命として凝固したもののことだ。そしてその思考には、ボルヘスが書いたように、この未来は、たとえ不可避であっても、起こらなければよかったのにという希望が伴うのである。

原注

＊1　Henri Bergson, *Œuvres*, Édition du centenaire, Paris, PUF, 1991, pp. 1110-1111.〔『ベルグソン全集6　道徳と宗教の二源泉』中村雄二郎訳、白水社、一九六五年、一九一－一九二頁〕。ベルクソンは一九〇六年春のサンフランシスコ大地震に対して〔ウィリアム・〕ジェイムズが抱いた感情を引き合いに出している。

＊2　*Ibid.*, p. 1340.（強調は筆者による）。〔『ベルグソン全集7　思想と動くもの』矢内原伊作訳、白水社、一九六五年、一二六－一二七頁〕

＊3　自らが監修する叢書のタイトルにこの素晴らしい表現を用いたフィリップ・ピニャールに感謝する。

第I部　リスクと運命

＊1　Timothy O'Riordan et James Cameron,《The History and Contemporary Significance of the Precautionary Principle》, *in* T. O'Riordan et J. Cameron (éd.), *Interpreting the Precautionary Principle*, Londres, Cameron May, 1994.

＊2　仏首相への報告書であるフィリップ・クリルスキーとジュヌヴィエーヴ・ヴィネイによる編著『予防原則』（*Le Principe de précaution*, Paris, Éd. Odile Jacob, 2000）は、次のような言葉で本質的な合理性の放棄を理論化するに至る。「確実性が無い場合、予防は手続きの厳密さを重要視する。

状況の〝真相〟とリスクの〝現状〟が明らかにされえない場合、支配的な価値となるのは、手続きと、手続きの作成・実行・監視に関わる当事者の厳密さである」（二一頁）。この発言に対して断固として反論することをお許し願いたい。ハンス・ヨナスと共に、私は次のように断言する。「あらゆる長期予知が不確実であることは〔……〕それ自体、一つの事実として受け入れるべきである。この不確実性を適切に取り扱うために、倫理学は、それ自身はもう不確実ではない原理を一つ持たなければならない」（Hans Jonas, *Le Principe Responsabilité. Une éthique pour la civilisation technologique*, Paris, Flammarion, coll.《Champs》, 1995, p. 79.〔ハンス・ヨナス『責任という原理——科学技術文明のための倫理学の試み』加藤尚武監訳、東信堂、二〇一〇年（新装版）、六一頁〕）。私の解決策はヨナスと同じものではないが、それでも、このヨナスの意見と同様に、集団的な手続きから生じる不測の事態は甘んじて受け入れる。フィリップ・クリルスキーのような優秀な科学者と、ジュヌヴィエーヴ・ヴィネイのような思慮深い法学者が「ポストモダン」思想に譲歩するようにして、「真相（vérité）」と「現状（réalité）」という語を括弧に入れなくてはならないと思ったことは遺憾なことである。

＊3　Corinne Lepage et François Guéry, *La Politique de précaution*, Paris, PUF, 2001, p. 198.

＊4　Jean-Marie Domenach, *Le Retour du tragique*, Paris, Éd. du Seuil, 1967.〔ジャン＝マリー・ドムナック『悲劇への回帰』岩瀬孝訳、中央公論社、一九八七年〕

＊5　Jean-Pierre Dupuy et Jean Robert, *La Trahison de l'opulence*, Paris, PUF, 1976.

＊6　Ivan Illich, *Némésis médicale. L'expropriation de la santé*, Paris, Éd. du Seuil, 1975.〔イヴァン・イリッチ『脱病院化社会』金子嗣郎訳、晶文社、一九九八年。ただしこの邦訳は改訂された七六年版の原著からのものであり、デュピュイが参照している七五年刊行の仏訳版とは異なる。なお、

本書での表記は「イリイチ」で統一した〕

＊7 Jean-Pierre Dupuy, *The Mechanization of the Mind. On the Origins of Cognitive Science*, Princeton, Princeton University Press 2000: Id., *Les savants croient-ils en leurs théories? Une lecture philosophique de l'histoire des sciences cognitives*, Paris, Éd. de l'INRA, coll. 《Sciences en questions》, 2000.

＊8 Alexis de Tocqueville, *De la démocratie en Amérique*, Introduction.〔トクヴィル『アメリカのデモクラシー　第一巻（上）』松本礼二訳、岩波文庫、二〇〇五年、一四頁〕

＊9 Hans Jonas, *Pour une éthique du futur*, Paris, Payot-Rivages, coll. 《Rivages poche》, 1998, p. 104.

＊10 このグループは英語の略号ＩＰＣＣ（Intergovernmental Panel on Climate Change）のほうが知られている。

＊11 二〇〇一年一〇月二二日の情報技術総局会議での声明。

＊12 Jon Elster, *Leibniz et la Formation de l'esprit capitaliste*, Paris, Aubier Montaigne, 1975; Id., *Ulysses and the Sirens. Studies in Rationality and Irrationality*, Cambridge, UK, Cambridge University Press, 1979.

＊13 悪意のある人は、フランスにおけるミニテルやインターネットのＰＩＣ〔周辺機器接続制御用ＩＣ〕技術について同様のことがいえると考えるだろう。

＊14 とりわけ以下の著作を参照のこと。Alain Renaut, *L'Ère de l'individu*, Paris, Gallimard, 1989.〔アラン・ルノー『個人の時代——主観性の歴史』水野浩二訳、法政大学出版局、二〇〇二年〕

＊15 Louis Dumont, *Essais sur l'individualisme*, Paris, Éd. du Seuil, 1983, pp. 242-243.〔ルイ・デュ

モン『個人主義論考――近代イデオロギーについての人類学的展望』渡辺公三／浅野房一訳、言叢社、一九九三年、三六一頁〕

＊16　Jean-Pierre Dupuy, 《De l'émancipation de l'économie: Retour sur "Das Adam Smith Problem"》, *L'Année sociologique*, vol. 37, 1987, pp. 311-342; repris *in Le Sacrifice et l'Envie. Le libéralisme aux prises avec la justice sociale*, Paris, Calmann-Lévy, 1992, chap. III.〔ジャン＝ピエール・デュピュイ『犠牲と羨望――自由主義社会における正義の問題』米山親能／泉谷安規訳、法政大学出版局、二〇〇三年、第三章〕

＊17　Cf. Id.,《On the Rationality of Sacrifice》出版のために提出されたCREA〔Centre de Recherche en Épistémologie Appliquée＝応用認識論研究所〕の研究報告書。

＊18　ここでは、社会的諸関係の真の姿を意図的に覆い隠そうという意志や「虚偽意識」などをまったく含意することなく、ルイ・デュモンがこの語に与えた意味で用いている。イデオロギーとは、ある所与の社会の想像力の領域を規定する観念と価値の体系を意味する。

＊19　ヤン・エルスターは、自然淘汰は人間――戦略的に推論することができ、局所的な最大値に満足することのない存在――を作り出したために、「自らの限界を超えてしまった」（*Ulysses and the Sirens, op. cit.*, p. 16）とまで書いている。

＊20　Cf. Ivan Illich, *Énergie et Équité*, 2e éd., Paris, Éd. du Seuil, coll.《Techno-critique》, 1975; avec une annexe de J.-P. Dupuy,《A la recherche du temps gagné》.〔イヴァン・イリッチ『エネルギーと公正』大久保直幹訳、晶文社、一九七九年〕

＊21　これらすべてに関して、私は「イリイチの思想を等式に当てはめた」に過ぎなかったのではと懸念している。イリイチが執拗に宗教的な用語にとどめておこうとした問題を、私は同じく執拗に

論理学と機械論に頼って扱った。このことに関しては、自著『秩序と無秩序』（*Ordres et Désordres*, Paris, Éd. du Seuil, 1982）〔古田幸男訳、法政大学出版局、一九八七年〕の「序」で触れている。

＊22　Jean-Pierre Dupuy, 《Le Travail contreproductif》, *Le Monde de l'économie*, 15 octobre 1996.

＊23　正確を期すためにいえば、この比較のためには、自転車の実際の平均速度ではなく、その全体から見た速度を重視することが求められる。しかし、自転車の購入費と使用・維持費は自動車よりも安価であるので、両者の価値の差はほとんどない。

＊24　帰結主義の功利主義的形態は、苦と快の代数的総和の最大化を全体の幸福とみなす。

＊25　Cf. Jean-Pierre Dupuy, 《Éthique et rationalité》, *in* Monique Canto-Sperber (éd.), *Dictionnaire d'éthique et de philosophie morale*, PUF, 1996.

＊26　Cf. Samuel Scheffler, *The Rejection of Consequentialism*, Oxford, Oxford University Press, 1982; et Samuel Scheffler (éd.), *Consequentialism and its Critics*, Oxford, Oxford University Press, 1988.

＊27　Robert Nozick, *Anarchy, State, and Utopia*, New York, Basic Books, 1974.〔ロバート・ノージック『アナーキー・国家・ユートピア』嶋津格訳、木鐸社、一九九二年、四五頁〕

＊28　スティーヴン・スピルバーグは『プライベート・ライアン』でこの逆転を驚くべき方法で演出してみせた。功利主義的な精神、つまり、犠牲の精神の持ち主であるミラー大尉は――彼は自分が虐殺した人々の命の重さを、それによって救われた「一〇倍の数の」命の重さと絶えず比較する――たった一人のほとんど無名の兵士（ライアンという名はアメリカ軍にたくさんいる）を救うという任務によって戦地に送られ、大部分の部下の命と自分自身の命を引き換えにする（犠牲にする

のではない）ことになる。映画は、大尉もその部下も最初は常軌を逸していると思っていたこの任務が、徐々に自分たちの戦争に意味を与えうる唯一の任務だと思われるようになる様子を描いている。

＊29　ミシェル・セールのすばらしい考察を参照のこと。Michel Serres, 《One God or a Trinity ?》, *Contagion. Journal of Violence, Mimesis, and Culture*, vol. 1, printemps 1994.

＊30　Ulrich Beck, *Risk Society: Towards a New Modernity*, Londres, Sage, 1992.〔ウルリヒ・ベック『危険社会——新しい近代への道』東廉／伊藤美登里訳、法政大学出版局、一九九八年〕; Id., *World Risk Society*, Cambridge, UK, Polity Press, 1999.〔ウルリッヒ・ベック『世界リスク社会論——テロ、戦争、自然破壊』島村賢一訳、ちくま学芸文庫、二〇一〇年〕

＊31　Hans Jonas, *Pour une éthique du futur*, *op. cit.*, p. 105.

＊32　Ivan Illich, *Némésis médicale*, *op. cit.*, pp. 202-203.〔イヴァン・イリッチ『脱病院化社会』前掲書、二〇六頁〕

＊33　*Ibid.*, p. 202.〔同書、二〇五頁〕

＊34　*Ibid.*, pp. 203-204.〔同書、二〇七—二〇八頁〕

＊35　René Dubos, *L'Homme et l'Adaptation au milieu*, Paris, Payot, 1973.〔ルネ・デュボス『人間と適応——生物学と医療〈第2版〉』木原弘二訳、みすず書房、一九八五年〕

＊36　Prospective et Santé publique, *Recherche, Médicament, Prospective*, vol. III, 《Évolution scientifique》(1re partie), Paris, mars, 1971.

＊37　André Gorz/Michel Bosquet, *Écologie et Politique*, Paris, Éd. du Seuil, 1978.〔アンドレ・ゴルツ『エコロジスト宣言〈新装版〉』高橋武智訳、緑風出版、一九八三年、二四一頁〕

*38 Hans Jonas, *Le Principe Responsabilité*, *op. cit.*, p. 52.〔ハンス・ヨナス『責任という原理』前掲書、三二頁〕

*39 Ivan Illich, *Énergie et Équité*, *op. cit.*〔イヴァン・イリッチ『エネルギーと公正』前掲書、六六頁〕

*40 André Gorz/Michel Bosquet, *Écologie et Politique*, *op. cit.*〔アンドレ・ゴルツ、前掲書、一〇七頁〕

*41 Corinne Lepage et François Guéry, *La Politique de précaution*, *op. cit.*, pp. 177-178.

*42 Hans Jonas, *Le Principe Responsabilité*, *op. cit.*, pp. 419 et 417.（強調は筆者による）。〔ハンス・ヨナス『責任という原理』前掲書、三八四頁と三八三頁〕

*43 オートマトンネットワーク理論と情報理論がここでの数学的枠組みとなる。以下を参照のこと。《Von Foerster's Conjecture. Trival Machines and Alienation in Systems》, *International Journal of General Systems*, vol. 13, 1987, pp. 257-264; et《Individual Alienation and Systems Intelligence》, *in* Jean-Louis Roos (éd.), *Economics and Artificial Intelligence*, Oxford, New York, Pergamon Press, 1987, pp. 37-40.

*44 Hans Jonas, *Le Principe Responsabilité*, *op. cit.*, p. 75.〔ハンス・ヨナス『責任という原理』前掲書、五八頁〕

*45 Martin Heidegger,《La question de la technique》, trad. fr. in *Essais et Conférences*, Paris, Gallimard, 1958.〔マルティン・ハイデッガー『技術への問い』関口浩訳、平凡社ライブラリー、二〇一三年〕

*46 Dominique Bourg, *L'Homme artifice. Le sens de la technique*, Paris, Gallimard, 1996, p. 85 et

p. 90. ブールはこの本のなかでジャック・エリュールの次の著作について注釈を行っている。*La Technique ou l'Enjeu du siècle*, Paris, Armand Colin, 1954, et *Le Système technicien*, Paris, Calmann-Lévy, 1977.〔ジャック・エリュール『エリュール著作集1・2　技術社会　上・下』島尾永康／竹内敬温訳、すぐ書房、一九七五―七六年〕

＊47　Jacques Ellul, *La Technique ou l'Enjeu du siècle*, *op. cit.*, p. 126; cité par Dominique Bourg, *L'Homme artifice*, *op. cit.*, p. 86.

＊48　Friedrich August von Hayek, *Individualism and Economic Order*, Chicago, University of Chicago Press, 1976.〔フリードリヒ・フォン・ハイエク『ハイエク全集I-3　個人主義と経済秩序〈新版〉』嘉治元郎／嘉治佐代訳、春秋社、二〇〇八年〕

＊49　Cf. Jean-Pierre Dupuy, *Le Sacrifice et l'Envie*, *op. cit.*〔ジャン＝ピエール・デュピュイ『犠牲と羨望』前掲書〕

＊50　アンドレ・オルレアンが以下の論文のなかで示したモデルを参照せよ。André Orléan, 《Monnaie et spéculation mimétique》, *in* P. Dumouchel (éd.), *Violence et Vérité*, Paris, Grasset, 1985. ある状況においては、模倣の力学が集団の一体性へ収束することは証明されている。このような条件は、あらゆる行為者のあいだに実際に相互依存が作用していることを示している。

＊51　Hans Jonas, *Le Principe Responsabilité*, *op. cit.*, pp. 75-76.〔ハンス・ヨナス『責任という原理』前掲書、五八頁〕

＊52　Cf. Jean-Pierre Dupuy, *Aux origines des sciences cognitives*, Paris, La Découverte, 1994, rééd. 1999.

＊53　最も優れたアメリカの情報科学者の一人、ビル・ジョイが「今話題の」雑誌『*Wired*（ワイア

ード）』に発表した警告を参照のこと。「なぜ未来はわれわれを必要としないか（《Why the future doesn't need us》）」（二〇〇〇年四月）という雄弁なタイトルのこの論考はたいへんな注目を集め、物議をかもした。サブタイトル――「ロボット工学、遺伝工学、ナノテクノロジーなど二一世紀のより強力なテクノロジーは人間を絶滅種にしてしまう脅威となりつつある」――は内容を明確に伝えている。

＊54　たとえば以下の論を参照のこと。Olivier Godard, 《L'ambivalence de la précaution et la transformation des rapports entre science et décision》, *in* O. Godard (éd.), *Le Principe de précaution dans la conduite des affaires humaines*, Paris, Éditions de la Maison des sciences de l'homme et INRA, 1997. また以下の項目も参照のこと。Catherine Larrère, entrée 《Précaution》 du *Dictionnaire d'éthique et de philosophie morale* de Monique Canto-Sperber, Paris, PUF, 3ᵉ éd., 2001.

＊55　Corinne Lepage et François Guéry, *La Politique de précaution*, *op. cit.*, p. 140.

＊56　*Ibid.*, p. 136.

＊57　二〇〇一年一一月二日の『リベラシオン』紙では次のように書かれている。「国防長官ドナルド・ラムズフェルドは一一月一日に「軍の行動が十分に迅速ではないと考えている人もいるようだが、世界貿易センターの灰はなお燃え続けているということを忘れないでいただきたい」と述べた。すぐにCNNは悲劇の現場である「グラウンド・ゼロ」の残骸の映像を流した。キャスターのアーロン・ブラウンは上層部の意向を受け次のようにコメントした。「国防長官が今述べたことはきわめて重要です。ときにわれわれは、世界貿易センターと国防総省へのテロ攻撃を昔のことだと思ってしまいます。しかし、それはつい最近の出来事です。決して忘れてはなりません……」」。

＊58　ヨナスの形而上学がこの重要な論点に合致しており、それゆえ、パニックを起こしたとかナイ

ーヴだとかいわれる破局論への非難を逃れるものであることは、すでに引用した次の文章にはっきりとあらわれている。「真面目な考察に基づいて十分な根拠を示せる（単なる空想上の恐怖とはちがった）不幸の可能性を〔……〕優先させること」（Hans Jonas, *Le Principe Responsabilité, op. cit.*, pp. 75-76.〔ハンス・ヨナス『責任という原理』前掲書、五八頁〕）。

＊59　本書のなかで、わたしは「actualité」という語を（「actuel」はその形容詞である）、現在性〔＝同時代性〕という通常の意味ではなく、純然たる可能態とは反対の現実態という哲学的意味で用いるつもりである。

＊60　一九九三年四月の、汚染血液投与事件に関する国務院での政府委員の提議。この文言は、それ以来、狂牛病などの他の問題における多くの勧告の基礎となった。

＊61　Hans Jonas, *Le Principe Responsabilité, op. cit.*, pp. 84-85.〔ハンス・ヨナス『責任という原理』前掲書、六七頁〕

＊62　排中律〔「pであるか、pでないかのどちらかである」という相互に矛盾する二命題のうちのいずれかに真理があること〕を否定せず、否定の否定が肯定と等しくならないような直観主義論理をブラウワーが創始したのは、真理あるいは「証明可能性」について彼が「構築主義的」な考え方を持っていたからだということを思い起こそう。

＊63　メノ・T・カミンガは、環境権が予防原則を独占するよりも前に、人権侵害に関する国際法のなかにすでに予防原則があらわれていたことを説得的な仕方で主張した。次の論考を参照のこと。Menno T. Kamminga, 《The Precautionary Approach in international Human Rights Law: How It can Benefit the Environment》, *in* David Freestone et Ellen Hey (éd.), *The Precautionary Principle and International Law*, La Haye, Kluwer Law International, 1996.

＊64　Peter Saunders, *Use and Abuse of the Precautionary Principle*, Institute of Science in Society, Open University, Milton Keynes, UK, juillet 2000.

＊65　Hans Jonas, *Le Principe Responsabilité, op. cit.*, p. 74.〔ハンス・ヨナス『責任という原理』前掲書、五七頁〕

＊66　*Ibid.*, p. 73.〔同書、五六頁〕

＊67　*Ibid.*, p. 79.〔同書、六二頁〕

＊68　Catherine Larrère, entrée《Précaution》du *Dictionnaire d'éthique et de philosophie morale, op. cit.*.

＊69　Hans Jonas, *Le Principe Responsabilité, op. cit.*, pp. 67–68.〔ハンス・ヨナス『責任という原理』前掲書、五一―五二頁〕

＊70　*Ibid.*, pp. 60–61.〔同書、四一頁〕

＊71　この立場の愚かな発言の数々に対する根源的で皮肉に満ちた分析として、次の著作を参照のこと。Monique Canto-Sperber, *L'Inquiétude morale et la Vie humaine*, Paris, PUF, 2001.

＊72　Hans Jonas, *Le Principe Responsabilité, op. cit.*, p. 421.〔ハンス・ヨナス『責任という原理』前掲書、三八六頁〕

＊73　たとえば、ヨナスは躊躇うことなく次のように述べている。終末論的な希望に支えられた人間存在は、「人類の外で起こる事柄において、物理的に救われるために必要な代償として、自由を一時的に中断することを受け入れられなくてはならないだろう」（*Pour une éthique du futur, op. cit.*, p. 115）。

＊74　*Ibid.*, p. 24.〔ハンス・ヨナス『哲学・世紀末における回顧と展望』尾形敬次訳、東信堂、一九

九六年、七頁〕

＊75　ヨナスは次のように述べている。「哲学的な観点から見れば、今日、形而上学は凋落しているが、それでも、われわれは形而上学なしに済ませることはできないだろう」。

＊76　Hans Jonas, *Le Principe Responsabilité, op. cit.*, pp. 98-99.〔ハンス・ヨナス『責任という原理』前掲書、八〇頁〕

第Ⅱ部　経済的合理性の限界

＊1　David Fleming,《The Economics of Taking Care: An Evaluation of the Precautionary Principle》, *in* David Freestone et Ellen Hey (éd.), *The Precautionary Principle and International Law, op. cit.* を見よ。この着想は、首相への報告書『予防原則』（前掲書、二一頁）のなかでフィリップ・クリルスキーとジュヌヴィエーヴ・ヴィネイが取り上げている。

＊2　*Ibid.*

＊3　*A Treatise on Probability*, 1921.〔ジョン・メイナード・ケインズ『確率論』、『ケインズ全集8』所収、佐藤隆三訳、東洋経済新報社、二〇一〇年〕

＊4　*Risk, Uncertainty and Profit*, 1921.〔F・H・ナイト『危険・不確実性および利潤』、『現代経済学名著選集Ⅵ』所収、奥隅栄喜訳、文雅堂銀行研究社、一九五九年〕

＊5　*Le Principe de précaution, op. cit.*, p. 18.

＊6　*Ibid.*

＊7　彼の理論書『統計学の基礎』が刊行されるには一九五四年まで待たなければならなかった。サヴェッジはこのなかで、主観確率に関してフォン・ノイマンとオスカー・モルゲンシュテルンが一

九四四年にすでに定式化していた期待効用の理論を正当化する議論を展開している。

*8 くじとは勝ちと負けの集合であり、それに対して確率分布が作られる。くじAが、二回に一回一〇ポイント得ることができ、二回に一回は何も得られないものであり、くじBが必ず五ポイント得られるくじである場合、AとBの五分五分の結合であるくじCとは、四回に一回一〇ポイント得られ、二回に一回五ポイント得られ、四回に一回何も得られないものとなる。

*9 Christian Gollier *et al.*,《Scientific progress and irreversibility: an economic interpretation of the "Precautionary Principle"》, *Journal of Public Economics*, 75(2000), pp. 229-253.

*10 もっとも有名なのはアレのパラドックスであることに異論はあるまい[3]。

*11 D. Ellsberg,《Risk, ambiguity, and the Savage axioms》, *Quarterly Journal of Economics*, 75(1961), pp. 643-669.

*12 Gilboa et Schmeidler,《Maximin expected utility with non-unique prior》, *Journal of Mathematical Economics*, 18(1989), pp. 141-153.

*13 リスクに対する嫌悪というよく知られた概念と混同すべきではない。

*14 本章の原注*8を参照のこと。

*15 「ギャンブラーは、「悪い事態」が起こるだろうと確信していることにはならない」という、とくにヨナスの批判者たちを中心とする、いたるところに見られる誤解を解消するために、繰り返し以下のことを述べておきたい。第一に、「悪い事態」があるのではなく、予測される行動の連鎖があるのだ。第二に、ここでいわれているのは、ギャンブラーが現在の未来が到来することを確信しているということではなく、「こうしておけば、次に起こるのはこのことである」というような仮定的に考えられる複数の未来を比較しながらいかに彼が推論しているかということなのである。

＊16　評価とリスクマネージメントの偉大な専門家であるスタンフォード大学のマリ＝エリザベス・パテ＝コーネルは、不確実性に対する嫌悪が経済・社会的消費の一つの起源であるという説得力のある議論を展開している。政治的な防止論を基礎としているこの嫌悪は、信頼できる確率がなく、よく知られているリスクの防止を行うには十分な資金がなく、よく知られていないリスクの前では、資金を使いすぎる方向へと導くことになる（フランスにおける交通事故の抑止、あるいはタバコやアルコール消費の削減に注がれる手段の相対的な弱さというものが思い浮かぶであろう）。次の総合的な論文を参考にせよ。Marie Elisabeth Paté-Cornell,《Uncertainties in risk analysis: Six levels of treatment》, *Reliability Engineering and System Safety*, Elsevier, 54, 1996, pp. 95–111. 私は結論として、破局の時代にふさわしい倫理を構築するのは、不確実性に対する嫌悪といった心理的な土壌の上ではないと考えている。

＊17　John Rawls, *Théorie de la justice*, Paris, Éd. du Seuil, 1987.〔ジョン・ロールズ『正義論』川本隆史／福間聡／神島裕子訳、紀伊國屋書店、二〇一〇年〕

＊18　Bernard Williams, *Moral luck*, Cambridge, UK, Cambridge University Press, 1981.

＊19　François Ewald,《Précaution, incertitude et responsabilité》, entrée《Risques technologiques》, *Encyclopaedia Universalis*, Paris, éd. 2001.（強調引用者）。

＊20　Hans Jonas, *Pour une éthique du futur*, *op. cit.*, p. 103.

＊21　気温上昇をもたらす二酸化炭素排出を必要量削減することを取り決めた京都議定書までこぎつけた、専門家たちの国際的な議論において、「後悔しない」ための戦略というものが胚胎したことを喜びをもって私は見守っていた。その着想は、私がここに展開したものとはまったく反対の性質のものである。未来の予測不可能性が形成する無知のヴェールがはがされるや、不幸の予言者たち

の予想は間違っていたことが明らかになってしまったとき、何かをしたことで悔やむ以外には何もしないことが重要なのである！　次の論文を参考にせよ。Stephen R. Dovers et John W. Handmer, 《Ignorance, sustainability, and the precautionary principle: Towards an analytical framework》, *in* Ronnie Harding et Elizabeth Fisher (éd.), *Perspectives on the Precautionary Principle*, Sydney, Australie, The Federation Press, 1999. 以下のフランス語文献も参照せよ。Jean-Charles Hourcade, 《Précaution et approche séquentielle de la décision face aux risques climatiques de l'effet de serre》, *in* Olivier Godard (éd.), *Le Principe de précaution dans la conduite des affaires humaines*, *op. cit.*, pp. 281–293.

＊22　Hans Jonas, *Le Principe Responsabilité*, *op. cit.*, p. 33.〔ハンス・ヨナス『責任という原理』前掲書、一六頁〕。（強調引用者〔訳注：最初の「できない」の強調はヨナス〕）。

＊23　*Ibid.*, p. 70.〔ハンス・ヨナス『責任という原理』前掲書、五三頁〕。

＊24　以下の議論はめざましい成果を挙げているので参照せよ。David Fleming, 《The Economics of Taking Care: An Evaluation of the Precautionary Principle》, *loc. cit.*; David Pearce, 《The Precautionary Principle and Economic Analysis》, *in* Timothy O'Riordan et James Cameron (éd.), *Interpreting the Precautionary Principle*, *op. cit.*; Timothy O'Riordan et James Cameron, 《The History and Contemporary Significance of the Precautionary Principle》, *ibid.*

＊25　この点は、Timothy O'Riordan et James Cameron, 《The History and Contemporary Significance of the Precautionary Principle》, *ibid.* にも明らかにされている。

＊26　Hans Jonas, *Le Principe Responsabilité*, *op. cit.*, p. 70.〔ハンス・ヨナス『責任という原理』前掲書、五三頁〕

＊27　ロニー・ハーディングとエリザベス・フィッシャーは、彼らの四冊目の共著 *Perspectives on the Precautionary Principle*, *op. cit.* の序章《Uncertainty, risk and precaution》において、ときには科学者たち自身によって維持されてきたこの幻想を見事に解体してみせる。ジェラール・メジは、科学研究はときには不確実性を減少させるよりも増幅させてきたことをわかりやすく示した。オゾン層の世界的権威である彼は、オゾン層の事例を用いたのである。彼の次の論文を参照せよ。《Incertitude scientifique et décision politique: le cas "historique" de l'ozone stratosphérique》*in* Olivier Godard (éd.), *Le Principe de précaution dans la conduite des affaires humaines*, *op. cit.*, pp. 215-243. すでに引用した模倣的投機に関するアンドレ・オルレアンの仕事は、市場経済の理論は、より大きなリアリズムへと方向を進めつつ、市場経済のメカニズムを理解することが市場を支配することにつながるという幻想を一掃することを示した。経済の事例同様、高層大気圏での化学反応〔オゾン生成の化学反応のことを指している〕の事例において、パラドックスだと最初に目に映りうるものは、科学の進化がモデル化の進化を経過していることが原因である。ところで、現実が複雑な場合、現実に対してモデルが忠実であれば、モデルも複雑だということを含意する。私は「複雑（complexe）」という語を、科学において使われる意味〔すなわち複雑系の文脈において〕において用いている。モデルが複雑になるのは、制御できていないことを含意する（微分方程式を解くのが不可能であったり、初期条件に左右されすぎる場合である）。モデルの振る舞いを予見する最も単純な方法は、モデルが表すとされている物理的システムを観察することである！　ジョン・フォン・ノイマンは、対象とモデルの優劣関係のこの逆説的な反転に最初に気づいた偉大な学者である。このことは明らかに技術の自律化のテーマと関わってくる。このテーマについては私は以前にも展開した。拙著 *The Mechanization of the Mind*, *op. cit.* を参照されたい。

＊28　このような場合の最たる例を、オゾン層の破壊や狂牛病に見ることができる。オゾン層の破壊については、ジェラール・メジの先に引用した《Incertitude scientifique et décision politique: le cas "historique" de l'ozone stratosphérique》という鋭い論文を参照せよ。狂牛病に関しては、マリー＝アンジェル・エルミットとドミニク・ドルモンによるこれもまた熱中させる論を展開した次の論文を参照せよ。《Propositions pour le principe de précaution à la lumière de l'affaire de la vache folle》, *in* Philippe Kourilsky et Geneviève Viney, *Le Principe de précaution*, *op. cit.*, pp. 341-386.

＊29　Dieter Birunbacher, *La Responsabilité envers les générations futures*, Paris, PUF, 1994, p. 143. フランス語翻訳を適宜修正している。

＊30　以下の論文にそのみごとな例を見ることができよう。Stephen R. Dovers et John W. Handmer, 《Ignorance, sustainability, and the precautionary principle: Towards an analytical framework》, *in* Ronnie Harding et Elizabeth Fisher (éd.), *Perspectives on the Precautionary Principle*, *op. cit.*; Daniel Bodansky, 《The Precautionary Principle in US Environmental Law》, *in* Timothy O'Riordan et James Cameron (éd.), *Interpreting the Precautionary Principle*, *op. cit.*

＊31　とくに英語、フランス語、ドイツ語において書かれたものである。この主題に関してわれわれの言語〔フランス語〕で語られ、書かれた大量の資料に呆然とし、アメリカはこの問題にまったく懸念を表明しないことに納得した私は、エマーソンとソローを輩出した英語という言語に興味深いものなど見出すことなどできまいという偏見にとらわれた状態で、研究を開始したのである。しかし二〇〇一年の春、スタンフォード大学にてセミナーを行うことで、私はすぐにそれとは反対の結論を出すことになった。とくにオーストラリア人（そしてイギリス人）のおかげで、『予防原則』について書かれたものが、その奥行きと厳密さにおいて際だったものであることがわかった。ここ

で示すいくつかの参照資料がそのことを物語っている。

＊32　Corinne Lepage et François Guéry, *La Politique de précaution, op. cit.*, p. 51.

＊33　Philippe Kourilsky et Geneviève Viney, *Le Principe de précaution, op. cit.*, p. 18.

＊34　Marie-Angèle Hermitte et Dominique Dormont, 《Propositions pour le principe de précaution à la lumière de l'affaire de la vache folle》, *loc. cit.*, p. 349.

＊35　この点に関しては、次の論文で十分な資料に基づいて検証されている。Daniel Bodansky, 《The Precautionary Principle in US Environmental Law》, *loc. cit.*

＊36　おそらくここでこの点の論理を確認しておくのが有効であろう。「ジャンは最悪の事態が到来することを知っていた」という命題から、最悪の事態が到来すると推論される。しかし、「ジャンは最悪の事態が到来することを信じていた」という命題からこのような推論はなされえない。誤った事柄は知ることができない、というのが分析的命題である。一方で、ある事柄を真であると誤って信じることはできる、というのが総合したときの命題である。

＊37　Corinne Lepage et François Guéry, *La Politique de précaution, op. cit.*, p. 16.

＊38　*Ibid.*, p. 70.

＊39　David Fleming, 《The Economics of Taking Care: An Evaluation of the Precautionary Principle》, *loc. cit.*, 次の論文も参照せよ。Timothy O'Riordan et James Cameron, 《The History and Contemporary Significance of the Precautionary Principle》, *loc. cit.*

＊40　専門家（たとえば、フランスではラコスト提督）は次のことを私たちに確証した。「ニューヨークの世界貿易センタービルを襲った一九九三年のテロ事件以降、アメリカの責任者たちは多くの情報を持っていた。しかし、なすべきことが多すぎて、彼らを麻痺させてしまったのである。加え

て、リスクのある産業設備の所在地と人口密度をフランス地図に重ね合わせると、恐ろしさに飛び上がるほどである」。しかし、われわれには何ができるかがわからないのである。したがって破局は可能態の秩序に属しているものではないとみなされる。存在しないと想定される、国家規模、地球規模の大規模な経済的破局に関しても同様である。このほか、いくらでも例は列挙できよう。

＊41　映画批評家のサミュエル・ブルーメンフェルドは、二〇〇一年一〇月九日の『ル・モンド』紙上に「ハリウッドは九・一一テロ事件を消化する」という記事を書いた。以下に引用する。「このテロ攻撃はわれわれの記憶から発想を得ている。この攻撃は部分的にはハリウッド映画が描いてきた破壊のシーンと同じである。ハリウッド映画は幾度となくこうした破壊の悲劇を演出しているが、それを現実に可能なことだとは信じさせようとはしなかった。ハリウッド映画は突如、悲劇の予言者となったのである」（強調引用者）。

第Ⅲ部　道徳哲学の困難、欠くことのできない形而上学

＊1　Catherine Larrère, entrée《Précaution》du *Dictionnaire d'éthique et de philosophie morale, op. cit.*

＊2　Hans Jonas, *Le Principe Responsabilité, op. cit.*, p.31.〔ハンス・ヨナス『責任という原理』前掲書、一四頁〕。〔訳注：この引用は部分的な引用となっているため、それに対応して既訳に軽微な変更を施した〕

＊3　大学の哲学科も含めて、フランスの知識人たちは半世紀にわたって道徳哲学を休眠状態に追いやっていたという事実は些細なことではなかった。それというのも、規範的な言葉で思考することを改めて学ぼうとするのであれば、なすべきことは多いからである。まず、発展し続け、精緻化し

続けた英語圏の道徳哲学と批評的な距離を保ちつつ、その思想に共鳴しなくてはならないだろう。

＊4 Samuel Scheffler, 《Individual Responsibility in a Global Age》, *Social Philosophy & Policy*, 12, 1, hiver, 1995.

＊5 Hans Jonas, *Le Principe Responsabilité, op. cit.*, p. 30.〔ハンス・ヨナス『責任という原理』前掲書、一三頁〕

＊6 Id., *Pour une éthique du futur, op. cit.*, pp. 83-84.（強調は原著者による）。

＊7 *Ibid.*, p. 82.（強調は原著者による）。

＊8 Jean-Paul Sartre, *L'Existentialisme est un humanisme* (1946), Paris, Nagel, 1970, pp. 38, 31, 28-29.（強調引用者）。〔ジャン＝ポール・サルトル『実存主義とは何か』（増補新装版）伊吹武彦他訳、人文書院、一九九六年、五一—五二、四七、四五、四六頁〕

＊9 Dr. Henri Grivois, *Naître à la folie*, Paris, Les Empêcheurs de penser en rond, 1992を参照されたい。

＊10 Hans Jonas, *Le Principe Responsabilité, op. cit.*, p. 16.（強調引用者）。〔ハンス・ヨナス『責任という原理』前掲書、序文iv頁〕

＊11 *Ibid.*, pp. 41-42.（「計算可能な」「未来」「完結しない」をのぞく引用の強調は引用者による）。〔ハンス・ヨナス『責任という原理』前掲書、二三—二四頁〕

＊12 ディーター・ビルンバッハーも同様の発想をする。彼は次のように記している。「現在から未来へと延長する因果の時間性が、現在の視点から見ると、現在の活動と未来の世界の姿とを因果的に関係づけることがもはや合理性を失うとみなされるほど解きほぐしがたく混じり合い、混濁してしまうほどに、未来に対する責任の地平は失われてしまう。〔……〕しかし現在の行動の因果的な

結果が実際にどこまでおよぶのかを見極めるためには、まず未来からの視点をもたなくてはならない。そしてその視座は最終的には適用されえないのである」(*La Responsabilité envers les générations futures*, *op. cit.*, pp. 142-143)。

＊13　これまでなんども引用してきたすばらしい分析のなかで（David Fleming,《The Economics of Taking Care: An Evaluation of the Precautionary Principle》)、デヴィッド・フレミングは、「未来の感覚（sens de l'avenir)」と呼ぶものの消失を嘆いている。彼は次のことを綿密に展開する。すなわち、未来は予測されているにもかかわらず、知りえないものとして、そして同時に何の手出しもできない全決定要因に単に翻弄されるものとしてみなされる。このような社会は「過去は必要としない」と彼はいう。そして次のような結論を出す。「時間の感覚、すなわち未来は現実でもあり、われわれに向けてなんらかの要請をしているという時間の感覚それ自体が、消滅の危険にさらされている」。しかし、ビリー・ジョイがいうように「未来はわれわれを必要としない」。

＊14　アリストテレスのような優れた哲学者も含めて、幾人かの哲学者らは、未来に現実性を付与する形而上学の原理を決して受け入れなかった。

＊15　自由意志を与えられた主体の未来の行動に関わる命題（スコラ哲学の用語では「偶然的未来」）は重要な事例である。

＊16　聖書の翻訳〔フランス語〕はオスティ版に基づいた。*La Bible Osty*, Paris, Ed du Seuil, 1973.「ヨナ記」の作者は紀元前五世紀ないしもう少し後の時代、したがってバビロン捕囚より後の時代に生きていたようである。ヨナの冒険を、「列王記下」一四章二五に言及されているイスラエル王ヤロブアム二世（ＢＣ七八三―七四三）時代に活躍したアミタイの子ヨナに結びつける歴史的な有効な根拠はない。

*17　たとえば以下の論文を参考にせよ。John Sawyer, *Prophecy and the Prophets of the Old Testament*, Oxford, Oxford University Press, 1987; James D. Newsome, Jr., *The Hebrew Prophets*, Atlanta, John Knox Press, 1984.

*18　この点は、とくに以下の論文で立証されている。John Sawyer, *Prophecy and the Prophets of the Old Testament, op. cit.*; H. W. Wolff,《Prophecy from the Eighth through the Fifth Century》, *in* J. L. Mays et P. J. Achtemeier (éd.), *Interpreting the Prophets*, Philadelphie, Fortress Press, 1987. 後者の論文では、罪人たちの断罪は未来の告知なしには決してあらわれず、そしてこの二つのうち一方の要素しか預言内容に含まれない場合は、未来の告知が優先されるということを示している。さらに同じ論文集に入っている次の論文も参考にされたい。Gene M. Tucker,《Prophetic Speech》. この論文は、一般的には、現状の無秩序が続く場合、罰は預言者によって、実行されるであろう脅威として提示されるわけではなく、近い未来にある現実として提示されるということを示した。いかなる条件法〔反実仮想〕的要素も介入しない。すなわち「イスラエルの民よ、もし罪のなかで生き続けるのであれば、次のことが起こるだろう」という言い方がされるのではない。そうではなく、「お前は罪のなかに生きている。だから、次のことが起こるのだ」。あるいは「次のことが起こるだろう。なぜなら、お前は罪のなかに生きているからである」。「アモス書」はこの点では典型的である。

*19　「申命記」一八章九—二二。

*20　預言者は聖書ではナビ（nabi）という言葉が使われている。意義深いことに、この語はギリシャ語翻訳では、占い師を意味する *mantis* ではなく、解釈者を意味する *prophetes* が最初から選ばれていた。

＊21 Hans Jonas, *Le Principe Responsabilité, op. cit.,* p. 233.〔ハンス・ヨナス『責任という原理』前掲書、二〇七頁〕

＊22 David K. Lewis,《Counterfactual Dependence and Time's Arrow》, *in Philosophical Papers,* vol. II., Oxford, Oxford University Press, 1986.

＊23 Jorge Luis Borges,《La Création et P. H. Gosse》, *in Enquêtes,* Paris, Gallimard, 1957, p. 44.〔ホルヘ・ルイス・ボルヘス『続審問』中村健二訳、岩波文庫、二〇〇九年、三四二頁〕。ボルヘスは、ここでは因果律を扱うジョン・スチュアート・ミルの『論理学』について注釈している。〔ミルの訳書に『論理学』という本は見つからない。『論理学体系』のことだろう。だが、ここではボルヘスの訳書に『論理学』と訳出されているので、修正せずそのまま流用する〕

＊24 Herbert A. Simon,《Bandwagon and underdog effects and the possibility of election predictions》, *Public Opinion Quarterly,* 18 (3), 1954. この論文の公刊は、やや滑稽な論争を引き起こした。なぜなら、ノルウェー人数学者カール・エギル・オーベルが雑誌 *Social Science Information* において、副次的な問題に介入したからである。

＊25 Jean-Jacques Rousseau, *Du contrat social,* livre II, chap. 3,《Si la volonté générale peut errer》〔ジャン＝ジャック・ルソー『社会契約論』桑原武夫／前川貞次郎訳、岩波文庫、一九五四年、四七頁〕

＊26 「雨も雪も、ひとたび天から降れば／むなしく天に戻ることはない。それは大地を潤し、芽を出させ、生い茂らせ、種蒔く人には種を与え／食べる人には糧を与える。そのように、わたしの口から出るわたしの言葉も／むなしくは、わたしのもとに戻らない。それはわたしの望むことを成し遂げ、わたしが与えた使命を必ず果たす」（「イザヤ書」五五章一〇—一一）。

*27 Hans Jonas, *Le Principe Responsabilité, op. cit.*, p. 221.〔ハンス・ヨナス『責任という原理』前掲書、一九八頁〕

*28 残念ながら、ハンス・ヨナスは最終的に、この伝統的形而上学の枠組みのなかで、ジレンマの解決策を模索し続けてしまったのである。彼のジレンマが別の解決策を要求していることを彼は明確には認識していなかった。それが彼の盲点となった。しかしアポリアをはっきりと終わらせたという功績は、彼に全的に帰せられるべきである。「というのは、ここでは、つまり人間が人間について、しかも公然と思いをめぐらす場では、理論はそれ自身歴史的な事実であるために、理論の存在が認識の対象の条件に変化を及ぼすからである。理論は、それが実際に真実味を帯びるのを手助けするために、自ら因果的な力を獲得し、こうして予測が的中することに意図的に貢献する。だから、この理論は自己充足的な予言に近いとも言えるだろう。理論が正当さを保持しているのは、それが真理であることを証明しているわけではなく、心情に対する理論の影響力の強さを証明している。そうした影響力を持つことによって理論は、特定の行為の原因となる」。Cf. *Le Principe Responsabilité, op. cit.*, p. 223.〔ハンス・ヨナス『責任という原理』前掲書、一九九―二〇〇頁〕

*29 悲劇の主人公の場合、自己欺瞞（self-deception）という名で呼ばれる精神状態について、精神の分析哲学者が付与する特徴として、彼の「不誠実さ」を引き合いに出す誘惑に駆られるだろう。自己欺瞞とは、主体が何かを信じており（彼は行動の自由があり、出来事を到来させる自由がある）、同時にその反対のことも信じている（彼は運命に従う）という事態である。『オイディプス王』と『マクベス』という文学的分析に基づいたこの仮説に関する繊細な思考については次の論文を参考にせよ。Robert Doran,《Alazon: Tragic Self-Deception in *Œdipus Rex* and *Macbeth*》, Stanford University, mémo, 1999; à paraître.

＊30　Jorge Luis Borges, 《Le miroir des énigmes》 *in Enquêtes, op. cit.*, p. 182.〔ボルヘス・ルイス・ボルヘス『続審問』前掲書、三四二頁〕

＊31　Id., *El jardin de senderos que se bifurcan*, Buenos Aires, 1941 ; repris et traduit par P. Verdevoye *in Fictions*, Paris, Gallimard, 1957.〔ホルヘ・ルイス・ボルヘス「八岐の園」『伝奇集』鼓直訳、岩波文庫、一九九三年〕

＊32　たとえば、高速道路の事故で私が遅れて空港についた場合である。さて、事故に遭った乗り物の一台に、テロリストの計画を知っていてそれを阻止するために急いで空港に向かっているＣＩＡのエージェントがいたとしよう。もし事故が起こらなければ、私は飛行機に乗り遅れなかったし、破局も避けられたことだろう。このシナリオは、技術的な観点からすればありそうもないようなことであるが、だからといってこのありそうもないという特徴が、このシナリオが示そうとする共通原因と呼ばれる図式を隠蔽すべきではない。事故の発生はお互いには因果関係のない二つの出来事――私の遅刻とテロリスト攻撃阻止の失敗――の原因なのだ。これは、因果的に依存関係のない二つの変数が反実仮想的に連鎖するとみなされうることを正当化しうる図式の一つである。

＊33　Cf. Jean-Pierre Dupuy, 《Counterfactual Consequences》, communication au Colloque 《Rationality and Intentions》, organisé par le département de philosophie de l'Université d'Amsterdam, Amsterdam, 15-16 octobre 1999 ; texte disponible sur demande.

＊34　フランス語よりもつねに正確な英語では、経済主体のことをプライス・テイカー（*price-takers*）と呼ぶ。

＊35　経済思想の重要な一分野が、今日この概念を、貨幣から労働関係に至るまで、様々な領域で適用させている。「取り決めの経済（économie des conventions）」という名で知られる、この潮流は

デヴィッド・ルイスの著作（*Convention: A Philosophical Study*, Cambrigde, Mass., Harvard University Press, 1969）に着想を得ている。

＊36　英語の場合、プライス・テイカーのモデルに従って、パスト・テイカー（*past-takers*）という造語をあえて与えることにしよう。

＊37　ジュール・ヴイユマンの次の著作が参考になる。Jules Vuillemin, *Nécessité ou Contingence. L'aporie de Diodore et les systèmes philosophiques*, Paris, Éd. de Minuit, 1984. ほかの三つの原理は次の通り。一、過去は撤回できないものである。二、可能態から不可能態となる、そのような因果関係はよくない〔ありえない〕。四、あるものが存在している間、それは存在しないということはできない。

＊38　Christine Korsgaard, *The Sources of Normativity*, Cambridge, UK, Cambridge University Press, 1996.

＊39　ここでは部分的にしか紹介できなかったこの概念を深く追求する場合には次の論考を参考にされたい。Jean-Pierre Dupuy,《Philosophical Foundations of a New Concept of Equilibrium in the Social Sciences: Projected temporalities, two rationalities: a new look at Newcomb's paradox》, *in* P. Bourgine et B. Walliser (éd.), *Economics and Cognitive Science*, New York, Pergamon, 1992, pp. 191–220; Id.,《Common Knowledge, common sense》, *Theory and Decision*, 27, 1989, pp. 37–62. Jean-Pierre Dupuy (éd.), *Self-Deception and Paradoxes of Rationality*, CSLI Publications, Stanford University, 1988.

＊40　Jean-Paul Sartre, *L'Être et le néant*, Paris, Gallimard, coll.《Tel》, 1943, p. 604.〔ジャン＝ポール・サルトル『存在と無 Ⅲ』松浪信三郎訳、ちくま学芸文庫、二〇〇八年、二九五頁〕

＊41　英語では、《backtracking conditionals》という。「もしパリのフォック大通りのアパルトマンを買ったら、私は金持ちだろう（ということである）」という命題と「もしパリのフォック大通りのアパルトマンを買ったら、私は貧しいだろう」（というのも破産するからである）という命題を比較せよ。その結果、次のことが判明する。投企の時間は、マスター・アーギュメントの第一原理を侵害する、と。過去は撤回できないものではない、それは固定されたものではなく、現在の行為は過去に対して反実仮想的な影響力を持つ。この力は明らかに因果的なものではなく、いかなる物理法則も侵害されていない。

＊42　Roger Guesnerie, *L'Économie de marché*, Paris, Flammarion, coll.《Dominos》, 1996, p. 75. この定式は合理的予測の精神を反映している。

＊43　レッシングの『ラオコーン』を参照せよ。〔『ラオコオン――絵画と文学との限界について』斎藤栄治訳、岩波文庫、一九七〇年〕

＊44　Hans Jonas, *Le Principe Responsabilité*, *op. cit.*, p. 68.（強調は引用者による）。〔ハンス・ヨナス『責任という原理』前掲書、五一―五二頁〕

＊45　Id., *Pour une éthique du futur*, *op. cit.*, p. 101.（強調は原著者による）。

＊46　Id., *Le Principe Responsabilité*, *op. cit.*, p. 87.（強調は引用者による）。〔ハンス・ヨナス『責任という原理』前掲書、六九頁〕

＊47　Friedrich Nietzsche, *Généalogie de la morale*, 2e dissertation:《La "faute", la "mauvaise conscience", et ce qui leur ressemble》〔フリードリッヒ・ニーチェ『善悪の彼岸　道徳の系譜（ニーチェ全集11）』信太正三訳、一九九三年、ちくま学芸文庫、四二三―四二四頁〕

＊48　Cf. David K. Lewis,《Devil's Bargains and the Real World》, *in* D. MacLean（éd.）, *The Securi-*

ty Gamble. Deterrence Dilemmas in the Nuclear Age, Totowa, N.J., Rowman and Allanheld, 1984. 最初からこの議論に参加した他の哲学者からは、グレゴリー・カフカ、デヴィッド・ゴティエ、ジーン・ハンプトンらの名を挙げておくべきだろう。

*49　関心のある読者は私の次の著書を参考にされたい。Jean-Pierre Dupuy, *Penser la dissuasion nucléaire*, Paris, PUF, 2002; Id., *La Dissuasion nucléaire. Essai d'évaluation au regard de l'éthique et de la prudence*, Rapport au ministère de la Défence, février 1998.

*50　一九八六年六月四日付『クリスチャン・サイエンス・モニター』紙が引用した、当時の軍事戦略研究所（*l'Institut de stratégie militaire*）の所長のドミニク・ダヴィッドの発言。

*51　正戦論において「無実な人」とは「非戦闘員」のことを指す。控えめに「弱者の強者に対する抑止」と名付けられるフランスの理論には、攻撃の力は、明らかに市民や敵地都市住民を殲滅させるために作られたという特異性がある。

*52　Steven P. Lee, *Morality, Prudence, and Nuclear Weapons*, Cambridge, UK, Cambridge University Press, 1996, p. 248.

*53　Bernard Brodie, *War and Politics*, New York, Macmillan, 1973, pp. 430–431.（強調引用者）。

*54　二〇〇〇年問題で予測される大混乱を避けるために巨額の予算が使われたことは、同様の懸念の対象となっている。バグは起こらなかったので、起こるはずがなかったのである。こうした事例はいくらでも挙げられよう。

*55　ゲーム理論を若返らせることになったよく知られた次の著書を参考にせよ。Thomas Schelling, *The Strategy of Conflict*, Cambridge, Mass., Harvard University Press, 1960.〔トーマス・シェリング『紛争の戦略――ゲーム理論のエッセンス』河野勝訳、勁草書房、二〇〇八年〕

＊56　この着想は、ベトナム戦争の最盛期にニクソン大統領によって「奇抜な理論」と命名されるという一種の公認を受けている。ニクソンは、側近のロバート・ハルデマンにこういったという。「ボブ、私はこの理論を「奇抜な理論」とでも呼ぶことにする。そして北ベトナム人が、戦争を止めるためにはどんなことでもしうるほどの境地に私が達したのだと、思ってほしい。次の言葉を彼らに伝えよう。「驚いたよ。みんな知っているかい。ニクソンは完全に共産主義にとりつかれている。彼が怒っているときに彼を鎮めることはもうできない。そして彼は核のボタンの上に手を置いているんだ」と。すると二日でホー・チ・ミンはパリに来て平和を求めてひざまずくだろう」。

＊57　さらにそれを敵に知らせなくてもならないのだ！　キューブリックの映画では、ソ連が〈ドゥームズデイ・マシーン〉を配備し、照準を合わせたことをアメリカ側に通達することを忘れていたのである！

＊58　専門的な展開については、関心のある読者は第Ⅲ部原注＊29に掲載した参考文献を参照されたい。

＊59　$e=0$という断続性が示唆するのは、不確実性の原理、あるいはむしろ非決定の原理が機能しているということである。確率eと$1-e$は、量子力学における確率のように振る舞う。さらにここでは固定点は、一つは破局の偶発的かつ運命的な生起、もう一方ではそれが発生しないこと、この二つの状態の重層として思考されなければならない。この思考についてはこれ以上続けることは私にはできない。提案をしてくれたスタンフォード大学のアヴィヴ・バーグマンに感謝する。

＊60　戦略的な事故を運命・宿命＝事故から区別するものをより形式的に描写することが適切であろう。前者は、次のような条件的な確率を導入する。「もし私を攻撃するなら、私はわれわれ両方を蕩尽させる事態の激化に着手するだろう」。われわれは歴史の時間にあり、不確実性は意図的な行

為と結びついている。運命・宿命＝事故は、次のような条件的な確率を導入する。「もし破局が未来に書き込まれているなら、私はいまこのように振る舞うことで破局を因果的に生起させるだろう」。われわれは投企の時間にあることが、この奇妙な条件の「退行的」な形式を説明する。黙示録的な宿命（destin）は、まさに運命（fatalité）のように、「すでに」現状の世界の一部分をなしているのである。悲劇の当事者たちだけが、それを因果的に可能にするのをせいぜい差し控えつつ、それをありえないことにすることに関わっている。

＊61　彼の驚くべき書物を参照せよ。Jean-Claude Ameisen, *La Sculpture du vivant. Le suicide cellulaire ou la mort créatrice*, Éd du Seuil, 1999.

訳注

（1）『対訳　イェイツ詩集』高松雄一編、岩波文庫、二〇〇九年、二二二―二二三頁。

（2）『エリオット選集　第四巻』吉田健一／平井正穂監修、彌生書房、一九五九年、一五五―一五六頁。

（3）マルセル・プルースト『失われた時を求めて11　第六篇　逃げ去る女』鈴木道彦訳、集英社文庫ヘリテージシリーズ、二〇〇七年、二八頁。

第Ⅰ部　リスクと運命

（1）有名な「パスカルの賭け」のことだと思われる。パスカルは『パンセ』で、その存在も本質も知ることのできない、まったく不確定な神が存在しているかどうか、という問いを提示し、われわれにとって不可知の存在が対象になっている以上、ここでは一つの賭けが行われると述べている。そして、神が存在しているほうに賭けたとして、もしその賭けに勝ったとしたら「すべて」を、すなわち、「永遠の生命と幸福」を得るが、たとえ負けたとしても「何も失いはしない」のだから、ためらわず神が存在するほうに賭けることを勧める。「だから、勝負をしいられた場合、無価値なものを損するかも知れないが同様に無限なものをえるかも知れないことのために、あえて生命を賭けないでそれを惜しむのは、正気をうしなった行為であろう」（パスカル『パンセ』由木康訳、白水社、一九九〇年、一〇三頁）。

（2） ある計画にかかる費用とそこから得られる便益。コスト・ベネフィット分析は両者の比較から、その計画を評価すること。

（3） 一九九二年、ブラジルのリオデジャネイロで「環境と開発に関する国際連合会議（UNCED）」（いわゆる「地球サミット」）が開催され、「環境と開発に関するリオ宣言」が採択された。「予防原則」（principe de précaution、英語では precautionary principle）はその第一五原則のなかで言及されている。リオ宣言第一五原則は以下の通り。

予防的取組方法（precautionary approach）は、環境を保護するため、各国の能力に応じて広く適用されなければならない。深刻な、あるいは不可逆的な危害の脅威のある場合には、完全な科学的確実性の欠如を理由に、環境悪化を防止するための費用対効果の大きな対策を延期してはならない。（大竹千代子／東賢一『予防原則——人と環境の保護のための基本理念』合同出版、二〇〇五年、一七頁）

「潜在的なリスクが存在するというしかるべき理由があり、しかしまだ科学的にその証拠が提示されない段階であっても、そのリスクを評価して予防的な対策を探ること」（同書、一八頁）というのが基本的な定義である。

（4） デュピュイは一九六〇年から六二年までパリの理工科学校（École polytechnique）の学生であった。また、同校の成績上位者が進むパリ国立高等鉱山学校（École nationale supérieure des mines de Paris）の鉱山技師団（Corps des Mines）課程を修了し、「鉱山技師団の技師」の称号を持っている。なお、デュピュイは母校である理工科学校で七五年から二〇〇六年まで教鞭をとった。

（5） 「コンヴィヴィアリティ」はイリイチの思想におけるキーワードの一つで、産業的生産性とは反対の、人々がそれぞれ自律的な生活を営むなかで、人間同士のみならず環境とも相互に協力しながら共生することを指す。「生き生きした共生」や「自立共生」などと訳される。次の著作を参照のこと。イヴァン・イリイチ『コンヴィヴィアリティのための道具』渡辺京二／渡辺梨佐訳、ちくま学芸文庫、二〇一五年。

（6）ジョゼフ・コンラッド『闇の奥』中野好夫訳、岩波文庫、一九五八年、一八八頁。

（7）ハンナ・アレントは著名な『人間の条件』のなかで、人間の「活動的生活」を「労働（labor）」、「仕事（work）」、「活動（action）」の三つに分類し、それぞれを「人間の肉体の生物学的過程に対応する活動力」、「人間存在の非自然性に対応する活動力」、「物あるいは事柄の介入なしに直接人と人との間で行われる唯一の活動力」と定義した。これは簡単にいいかえれば、生命維持のための活動力、人工的世界の構築のための活動力、政治的生活を営むための活動力ということになる。「工作人《ホモ・ファーベル》の勝利」とは、このうちの「仕事」が最高位を占める近代という時代を指す。この勝利は一時的なもので、やがて「労働」が全面的に優位となる現代が到来するのだが、アレントは近代という時代の特徴として、「世界の手段化と、工作物の作り手の生産性と道具にたいする信頼。手段＝目的のカテゴリーは全範囲に及ぶとする確信。問題はすべて解決することができ、人間の動機はすべて有用性の原理に還元することができるという信条。与えられた一切のものを材料と見なし、自然全体を「織り直すために好きなだけ切り取ることのできる無限の織地」と考える支配的態度」（ハンナ・アレント『人間の条件』志水速雄訳、ちくま学芸文庫、一九九四年、四七八頁）などを挙げている。

（8）「理性の狡知」はヘーゲルの有名な言葉。ヘーゲルは理性が世界を支配し、世界の歴史も理性的に進行すると考えたが、彼によれば、理性はそれ自体が歴史のなかに入り込むことはなく、常に利害や欲望によって動く個々人の行動を手段にしながら、「無傷の傍観者として」自己を実現するのである。
(9) ゲオルク・ビューヒナー『ゲオルク・ビューヒナー全集』手塚富雄/千田是也/岩淵達治訳、河出書房新社、二〇〇六年〔新装新版〕、三一六頁。
(10) 「赤の広場」、「コンコルド広場」、「ヴェネト通り」、「ピカデリー・サーカス」はそれぞれモスクワ、パリ、ローマ、ロンドンの有名な観光スポット。
(11) レオン・フェスティンガーが提唱した社会心理学の用語。矛盾する二つの認知を同時に抱えた状態と、それに由来する不快感を意味する。人はこの不快感を解消するために、自分の態度や行動を変更することがある。最も有名な例は、喫煙者の例である。多くの喫煙者は、喫煙が身体に悪いことを知っていて(認知1)、タバコを吸っている(認知2)。禁煙できれば不協和(=不快感は)起きないが、喫煙をやめられない場合は二つの認知の間で不協和が起こる。この不協和をなんとか低減しようとして、たとえば「タバコを吸うことでストレス解消になっている」、「タバコを吸わなくても肺ガンになる人はいる」などの新たな認知を持つに至る。ここでデュピュイが話題にしている交通の場合を例にとれば、自動車が交通渋滞や自動車への大きな依存を引き起こし、空間を生きられるものではなく、単に横断されるだけの死んだものにするという現実がある一方で(認知1)、人は自動車に乗る(認知2)。この不協和を減ずるために自動車の「動きやすさ、自律性、独立性」というイメージが強調され、自動車が世界や他者とのつながりを増やすということが喧伝される。
(12) 「世人は事物を正しく判断する。それはかれらが、人間の真の場である生来の無知に、とどまっているからである。知識には二つの極端があって、それらがたがいにふれあっている。一つは、生まれたてのあらゆる人間のうちに見いだされる生来の純粋な無知である。他の極端は、人間の知りうることをひととおりわきまえたのち、自分が何も知らないことに気づき、はじめの出発点であるあのおなじ無知にかえる偉大な魂の到達する無知である。しかし、これはみずからを知る賢明な無知である。二つの無知のあいだにあって、生来の無知からは脱したが、まだ他の無知に達していない人々は、うぬぼれの知識をふりまわして、なんでも知ったかぶりをする。これらの人々は世人をまどわし、万事を誤って判断する。民衆と利口者とは世間の動きをかたちづくっているが、中途半端な利口者は世間の動きを軽蔑し、また軽蔑される。かれらはすべてのことを誤って判断し、世間はそれらを正しく判断する」（パスカル『パンセ』前掲書、一三七頁、訳語に少し手を加えた）。

(13)「フィードバック」はあるシステムの出力（結果）を入力（原因）側に戻す操作であり、出力の増加が入力や操作を促進する場合を「正のフィードバック」、反対に、出力の増加が入力や操作を阻害することを「負のフィードバック」という。

(14)「アトラクター」とは、あるシステム内の動きが時間と共に向かっていく固定的な目標点ないし平衡状態。

(15)「完全競争」とは、市場に多数の売り手と買い手が存在しているため、価格が需給のみで決定され、個々の売り手・買い手が生産量・購買量を変化させても、市場への影響が存在しないような競争状態のことを指す。ハイエクは「完全競争」モデルに基づいた思考を否定する際に、このモデルの基本的条件を三つ挙げている。「1 均質な商品が多数の比較的規模の小さい売手や買手によって供給されたり需要されており、これらの売手や買手の誰一人もその行為によって価格にたいして認知されうるような影響を与えようとするとは予想されないこと。2 市場への参入が自由であり、価格と資源の動きにたいするその他の制約がないこと。3 市場に参加する者のすべてが関連のある諸要素についての完全な知識をもっていること」（フリードリヒ・フォン・ハイエク「競争の意味」、『ハイエク全集Ⅰ-3 個人主義と経済秩序〈新版〉』所収、嘉治元郎／嘉治佐代訳、春秋社、二〇〇八年、一三三頁)。
(16) 過去の選択、経験、歴史的背景、学習などによって、現在や未来の方向性が制約を受ける現象を「経路依存」という。
(17) 『ジョルジュ・ベルナノス著作集1』所収、山崎庸一郎訳、春秋社、一九七六年、五〇四頁。
(18) 「立証責任の転換」(「挙証責任の転換」や「証明責任の転換」ともいわれる)とは、訴訟において主要事実の真偽が確定されない場合に、その事実を要件とする法律効果が認められない原告(被害者)が不利益や危険を被るため、第三者たる裁判所が、通常原告(被害者)の負うべき立証責任を、被告(加害者)に転換することを意味する。デュピュイが挙げている例でいえば、ある製品が有害であることを立証することは、専門知識もない被害者にとってはきわめて困難であるため、被害者がその製品の有害性を立証するのではなく、加害者がその製品が無害であることを立証しなくてはならない。
(19) パスカルは有名な「気ばらし」についての断章で次のように述べている。「人間のさまざまの激動、かれらが宮廷や戦争で身をさらす危険や労苦、そこから生じる闘争や欲情、だいたんな、ときには邪悪なくわだて、その他をたまたま考えてみたとき、わたしは人間のあらゆる不幸は、一室にじっとしていられないというこの一事からおこると、よく言ったものだ。生活にこまらないだけの財産を持っている人は、自宅で愉快にくらすことができれば、べつに外に出て、船に乗ったり要塞の包囲線に加わったりしないであろう。町で動かずにいるのが堪えがたいことでなかったならば、だれも軍職をあんなに高く買わないであろう。また自宅で愉快にくらしうれば、だれも談話や賭ごとの気ばらしを求めはしないだろう」(パスカル『パンセ』前掲書、六四頁)。
(20) ある命題に対してその真偽を証明するには、検証あるいは実証する(その命題を肯定する証拠を出す）場合と、反証する場合（その命題を否定する証拠を出す）がある。命題が全称命題（「すべての〜は……である」のような、一つの集合を構成するすべての項についてある性質を肯定する命題）であるならば、検証する場合には、対象となる範囲のすべての証拠が必要とされるが、反証する場合には、ただ一つその命題を否定する証拠があればそれで構わない。これがポパーのいう「検証と反証の非対称性」である。

（21）ヨナ（Jonas）はユダヤ人の預言者で、旧約聖書の『ヨナ書』の主人公。イスラエルの敵国であるアッシリアの首都ニネベの民に「四〇日後に滅ぼされる」という神からの預言を伝えるよう遣わされたヨナは、敵国に行くのが嫌で船で反対方向に逃げたが、神によって船は嵐に遭遇する。嵐の原因を探る船員たちによってヨナの事情が明らかにされ、ヨナは嵐を鎮めるために海に放り込まれてしまう。巨大な魚にのまれて三日三晩腹のなかで過ごしたヨナは、ようやく海岸に吐き出され、ニネベへ向かって神の言葉を伝えた。ヨナの話は第一〇章で展開される。

第Ⅱ部　経済的合理性の限界

（1）ジャン＝ジャック・ルソー『新エロイーズ（三）』（全四巻）安土正夫訳、岩波文庫、一九九七年、一九二頁。

（2）フランスでは一九七六年七月に主に自然公園や生態系の保護を目的とした「自然保護法」が制定された。その後公害や産業廃棄物の問題が環境問題として認識されるようになると、自然保護法の改定が必要となり、改正案が一九九五年二月に可決された。当時の環境担当大臣ミシェル・バルニエの名をとってバルニエ法と呼ばれる。

（3）一九八八年ノーベル経済学賞を受賞したフランス人のモーリス・アレはフォン・ノイマンなど

が提唱した期待効用の理論に対して、アレのパラドックスという反例を提示し、その理論の不完全さを指摘した。アレのパラドックスとは具体的には、二つのくじを選択する二つの場合において、人が期待効用の理論とは異なる選択を行う場合を示している。

パターン1
くじA：必ず一万円もらえる。
くじB：一〇%の確率で五万円、八九%の確率で一万円、一%の確率で何ももらえない。

パターン2
くじC：一一%の確率で一万円、八九%の確率で何ももらえない。
くじD：一〇%の確率で五万円、九〇%の確率で何ももらえない。

この実験を行ったとき、多くの回答はパターン1においてはくじAが選ばれ、パターン2ではくじDが選ばれた。しかし、これらくじにおける期待効用を比較すると、パターン1とパターン2では異なる結論が出ていることがわかる。すなわちパターン1において、次の式に基づけば総合的にはくじBのほうが得られる金額が多いのにくじAが選択されているのだ。

A：100%×1万円<B：10%×5万円＋89%×1万円

パターン1では期待効用の理論通りには人は行動しないことがわかる。
一方でパターン2では次のような式となり、選択は理論に従った合理的なものとなる。

C：11%×1万円<D：10%×5万円

アレはこのように効用に関する理論のパラドックスを指摘したのである。

（4）ホルヘ・ルイス・ボルヘス『伝奇集』前掲書、八二頁。

（5）一八世紀に活躍したフランス人数学者ピエール＝シモン・ラプラスは、『確率論——確率の解析的理論』で、世界のすべての現象を知ることができる知性があれば、その知性はこれから起ることをすべて計算でき、したがって未来において不確実なことは何もないという説を展開した。ラプラスはその知性を神とは名指さなかったが、その知性とはキリスト教神学が主張した全知全能なる神という概念にきわめて近いことはいうまでもない。

第Ⅲ部　道徳哲学の困難、欠くことのできない形而上学

（1）ハンス・ヨナス『責任という原理』前掲書、二〇七頁。

（2）『旧約聖書』新共同訳、日本聖書教会、第一章一—三。

（3）ホルヘ・ルイス・ボルヘス『続審問』前掲書、四二頁。

（4）この二つの命題について補足すると、前者は直説法、後者は条件法で書かれている。すなわち叙法が異なるだけで意味合いがかなり違うことを例証しているのである。ちなみにデュピュイが、conditionnelというとき、日本語のフランス文法用語の条件法を指しているのではなく、条件文を指している。文法用語の条件法として、反実仮想という語を使う。

（5）ホルヘ・ルイス・ボルヘス『続審問』前掲書、三四二頁。

（6）チャールズ・ディケンズ『クリスマス・キャロル』池央耿訳、光文社古典新訳文庫、二〇〇六年、一五二頁。

（7）ニーチェの『道徳の系譜』の道徳の系譜に出てくる用語。詳しくは第Ⅲ部の原注＊47を参照さ

れたい。

(8) T・S・エリオット『エリオット選集 第四巻』前掲書、一五五頁。

訳者あとがき

本書は二〇一二年に筑摩書房より刊行された『ありえないことが現実になるとき――賢明な破局論にむけて』（Jean-Pierre Dupuy, *Pour un catastrophisme éclairé : Quand l'impossible est certain*, Seuil, coll. «Points Essais», 2002）の文庫版である。文庫版刊行にあたって、訳文を見直し、誤訳や表記ミスをできるだけ訂正した。著者であるジャン＝ピエール・デュピュイは一九四一年生まれの哲学者で、理工科学校教授、スタンフォード大学教授、フランス放射線防護原子力安全研究所（ＩＲＳＮ）倫理委員会委員長、イミタチオ財団研究主任などを歴任してきた。共著も含めて多数の邦訳が刊行されており、とりわけ二〇一一年三月一一日の東日本大震災とそれに伴う福島原発事故を受けて、破局を主題としたデュピュイの著作は次々と翻訳されることになった。デュピュイのより詳しい肩書きや、これまでの仕事に関しては、既訳書に掲載されている解説や訳者あとがきなどを参照していただきたい。既訳書はいずれも本書のさらなる理解のために有益だといえるだろう。なかでも、一九九二年に原書が刊行された『犠牲と羨望――自由主義社会における正義の問題』は、彼がしばしば参照しているハイエク、ロールズ、ノージックらの思想が検討されており、本書はその延長線上で考察を重ねたものである。また、二〇〇四年のスマトラ島沖地震と二〇〇五年のチェルノブイリ訪問を契機として書かれた『ツナミの小形而上学』（嶋崎正樹訳、岩波書店、二〇一一年）と『チェルノブイリ　ある科学哲学者の怒り――現代の「悪」とカタストロフィー』（永倉千夏子訳、明石書店、二〇一二年）は、いずれも本書で確立された「合理的な破局論」ないし「賢明な破局論」――「覚醒した破局論」あるいは「覚醒せる破局論」という訳語が採用されている場合もあるが、これについては後述する――の立場に基づいて書かれている。『チェルノブイリ』に関しては本書の主張を要約した講演が補論として掲載されているのでそちらも参照されたい。その後、二〇〇八年の金融危機（リーマン・ショック）を受けて世界化する経済の破局を論じた『経済の未来――世界をその幻惑から解くために』（森元庸介訳、以文社、二〇一三年）、デュピュイ思想のいわば集大成ともいえる『聖なるものの刻印――科学的合理性はなぜ盲目なのか』（西谷修・森元庸介・渡名喜庸哲訳、以文社、二〇一四年）が次々に日本語に訳され、その決して平易とはいえない思想を複数の視点から読み解いた論集『カタストロフからの哲学　ジャン＝ピエール・デュピュイをめぐって』（渡名喜庸哲・森元庸介編著、以文社、二〇一五年）

も刊行された。同論集は、本書を理解する上でもきわめて有益であり、読者の方々に是非とも一読をお勧めする。

冒頭にも記されている通り、本書は近代産業社会が生み出した「新しいリスク」——温暖化、環境破壊、狂牛病、産業化された加工食品のリスク、輸血の悪評など——をどのように思考するか、それらにどう対処するか、ということを出発点にしている。しかし、本書が真っ先に批判の対象とするものこそまさにこの「リスク」という考え方である。リスク論は昨今、ウルリッヒ・ベックやアンソニー・ギデンズをはじめ多くの社会学者が論じるところであるが、その根底にあるのは近代資本主義において予測・制御可能なものとして考えられてきた「リスク」概念がもはや通用しないという認識である。激化し、グローバル化し、多様化したリスクは、例えば核の脅威や環境破壊に明らかなように、その影響が階級、貧富、人種などの区別なく、すべての人間にいわば「民主的に」襲いかかる（もちろん、豊かな地域と貧しい地域とでリスクの高低に違いがあることは間違いなく、そのことは指摘されている）。「世界リスク社会」という言葉が端的に示しているように、現代におけるリスクは地球規模のものであり、それを「コントロールできるという公にされた言葉や約束とはまったく相容れないもの」（ウルリッヒ・ベック『世界リスク社会論——テロ、戦争、自然破壊』）である。こうした計算不可能な「新しいリスク」時代の到来を同じく認識しながらも、デュピュイはベックやギデンズとは異なり、こうしたリスクに対する管理や対処という視点に立つのではなく、われわれの認識に根本的な変容を要請するべく、計算可能性への期待を含んだ「リスク」という言葉からこの際きっぱりと手を切って、「破局《カタストロフィ》」をまっすぐに見つめることを提案する。リスク・ヘッジを行うこととは別に、リスクとしては認識できない「破局」の必然性を認めること。リスク論ではなく破局論を。これが、現代のリスク問題を扱った類書とは異なる本書の大きな特徴の一つである。

実際、金融、環境、医療、軍事、外交などあらゆる領域においてリスクが語られ、リスク・ヘッジの視点が重視されている現在、われわれの日常生活にもリスクという考え方はくまなく浸透している。その前提にあるのは、リスクは防止できるという――つまり計算可能であるという――楽観主義であり、リスク管理の有効な処方箋とされる「予防原則」は、この楽観主義を背景にして、コスト・ベネフィット分析のような経済的合理主義の発想と結びついているのだとデュピュイは断罪する。この点で、予防原則が万能ではないことを認めながらも、「人工リスクの増加に対処する最も有効な手だては、いわゆる「予防原則」に訴えて、負担の期待値を軽減することである」(アンソニー・ギデンズ『暴走する世界』)とするギデンズとは意見を異にする。また本書では、ベックのように、グローバル化するリスクに対抗するために、代議制という国民国家の政治システムを超えて、NG

〇をはじめ「直接」参加型の市民運動の連帯による下からのグローバル化が進められたケースをとりあげ、そうした「サブ政治」の可能性にいくらかの希望を見るようなこともない。つまり、具体的な解決策や新しい政治形態などが本書で提案されることはないのである。それは、著者であるデュピュイが破局の問題を何よりもまず哲学的問題として扱うべきだとする姿勢に由来する――「「賢明な破局論」は原則としての資格を得ようなどとはまったく望んでいない。それは哲学的な態度であり、破局の時間性に基づいて、世界や時間に対する思考方法を形而上学的な次元でひっくり返すことを意味する」(本書一〇六頁)。

こうして、「リスク」という発想から手を切るために、デュピュイは近代における人間理性の働き――それはすぐれて経済的合理性に基づいている――を詳細に批判・検討し、計算不可能な非知としての破局が現に存在していると説得する。現在のわれわれにとって、こうしたデュピュイの主張はすんなり受け入れられるものではないだろうか。本書第Ⅲ部でハンス・ヨナスの「恐れに基づく発見術」を出発点として提起された、破局を思考するための「投企の時間」という考え方――人類が自己自身を破滅へと至らせるような破局は、たとえ確率が非常に低いとしても、その確率が存在している以上、あるいは確率計算が根本的に出来ない以上、「必ず」起こると考え、その必ず起こる未来に立って現在を照射するという態度――もまた、ほとんど当たり前のように思えるかもしれない。だがデュピュイはこうも言っている。「破局は一度起きてしまえば、まるでそれが事物の通常の秩序であるかのように見えてしまうのである。破局の現実そのものが、破局をありきたりのものにしてしまう」（本書一一一―一一二頁）。改めて、われわれが強く心に留めておくべき言葉ではないだろうか。

賢明な破局論とは、破局とは回避することができず「必ず」起こるものだという認識に希望を見出す思考である。そのため、それは保持し続けることがきわめて難しい。計算不可能な非知にむけて両目を見開くよりも、計算可能なリスクを予め処理するほうが合理的で安心できるのだから。必ず起こる破局の痕跡を感じ、そこから現在を照射するという態度は、本書で繰り返し参照されるハンス・ヨナスの未来倫理の命法――「汝の行為がもたらす結果が、地球上で真に人間の名に値する生命が永続することと折り合うように、行為せよ」――から生まれたものである。破局が必ず起こるのであれば、それに対する防止を試みることは無意味に思え、享楽的に現在を生きることを選ぶ者もいるだろうが、それとは反対に、「生命が永続することと折り合うように」生きることで、破局を可能なかぎり遅延させることも可能である。そもそも破局は予測できない。いつ起こるか予測できないがゆえに、絶えずそれを遅らせようとすることが意味をもつ。破局の未来のイメージはそのために役立てられるだろう。では、人類の生き延びのためには、いまだ存在していない未来の人間――破局が必ず起こるということはそれまで人間が存続していることを意味する――に対して責任をもつためには、何をすべきか。計算可能なリスクに対する防止策を講じつつ、人間のみならぬ生物の環境保全のために、生活様式の全面的な見直しを行う必要があるだろう。それはおそらく、欲望を変える、という最もむずかしい課題であるように思われる。デカルトの「世界の秩序よりも自分の欲望を変えるようつねづね努めること」という言葉が思い起こされる。

二〇二〇年、またしてもわたしたちは破局の時間を迎えることになった。起こってしまった「現在」となっては「分かってはいたのだけど」と力なく言うしかない。二〇〇二年にSARSを、二〇一二年にMERSを経験し、そこからさらに環境破壊が進み高度にグローバル化された現代世界ではパンデミックのリスクはますます高まっていたはずだ。では、これから起こるパンデミックの破局に対して今何をすべきか。すでにコロナ禍でのわたしたちの生活様式は人間関係、労働形態、コミュニケーション、所作、習慣などさまざまなレベルで大きな変容を被っている。大きな変容を被りながら、これまでの生活様式を見直し、日常をあらたに作り直している。それは欲望を変える契機でもあるだろう。デュピュイが別のところで引用していたヘルダーリンの言葉をここでも引いておこう。「だが危険のあるところにまた、救いとなるものが生まれる」。

最後に邦訳のタイトルについて触れておきたい。フランス語原書のタイトルは邦訳の副題にあたる「賢明な破局論にむけて（pour un catastrophisme éclairé）」である。本書をはじめとするデュピュイの著作においてcatastrophismeという言葉は、伝統的にこの語が担ってきた意味、すなわち、博物学者キュヴィエの「天変地異説」――天変地異によって地球上の生物の多くが死滅し、生き残ったものが地球上に広がることを繰り返したとする反進化論的立場――を表すのではなく、破局を思考する立場、端的に言えば、破局は不可避であるという立場を表すものである。éclairé は「明るみに出す」、「照らす」を意味する動詞 éclairer の過去分詞で、「明るみに出された」、「分別のある」、「賢明な」と訳せるだろう。したがって、catastrophisme éclairé は、必ず起こる危機として明るみに出された破局を、覚醒した立場から合理的に思考する姿勢を意味している。その意味で、『ツナミの小形而上学』と『チェルノブイリ』で採用された「覚醒した」という訳語は適しているといえるだろう。だが日本語のすわりを考えて、本書ではより分かりやすい「賢明な」という訳語を当てた。また、タイトルの『ありえないことが現実になるとき』は、原書の副題に当たるのだが、直訳すれば「ありえないことが確実なものになるとき」である。人間は、起こりえないと考えていた破局が現実に起こってしまった後になって、回顧的にそれが起こるべくして起こった必然だと理解しようとする。本書はこのメカニズムを解明しようとするものである。「ありえないことが確実なものになる」とは、破局がもたらすこの奇妙な転倒を示していると思われるが、本書の目的が「ありえないこと」は間違いなく現実に起こるという破局論の立場を支持し、それを勧告するものであることを考えて、このタイトルを採用することにした。また、読みやすさを考えて、各章内で小見出しをつけたこともここにお断りしておく。

*

翻訳の分担について。本書の序論にあたる部分と第I部を桑田が、第II部、第III部を本田が担当し、最低限の訳語の統一を行った。引用文献などに関しては、邦訳のあるものは参照しつつ必要とあれば最小限の手を加えた。ただし、ヨナスやイリイチなど原書がフランス語で書かれていないものに関しては、著者が仏訳から引用しているか、著者自身が訳を行っており、邦訳とは必ずしも一致しない部分があったが、その場合、邦訳を参照しつつも、著者による仏語引用を尊重した。

日本語版序文を快諾してくださった著者のジャン＝ピエール・デュピュイ氏、フランス語に関する質問に丁寧に答えてくれたヴァンサン・マニゴ氏とマリアンヌ・シモン＝及川氏、編集担当の大山悦子氏と文庫版編集担当の田所健太郎氏にはここで感謝の意を表したい。本書が一過的なものとして消費されることなく、「破局」を——ということは、私たちの未来と現在を——絶えず思考し続けるきっかけとなることを願っている。

訳者を代表して　桑田光平

本書は、二〇一二年五月、筑摩書房より刊行された。

ちくま学芸文庫

ありえないことが現実《げんじつ》になるとき
賢明《けんめい》な破局論《はきょくろん》にむけて

二〇二〇年八月十日　第一刷発行

著者　ジャン＝ピエール・デュピュイ
訳者　桑田光平（くわだ・こうへい）
　　　本田貴久（ほんだ・たかひさ）
発行者　喜入冬子
発行所　株式会社　筑摩書房
　　　東京都台東区蔵前二―五―三　〒一一一―八七五五
　　　電話番号　〇三―五六八七―二六〇一（代表）
装幀者　安野光雅
印刷所　株式会社精興社
製本所　株式会社積信堂

ISBN978-4-480-09999-0 C0136